KB053116

DREAM
MAP

DREAM MAP

초판 1쇄 발행   2022년 4월 5일

지은이   박소현
펴낸이   정혜윤
디자인   김미영
펴낸곳   SISO

주소   경기도 고양시 일산서구 일산로635번길 32-19
출판등록   2015년 01월 08일 제 2015-000007호
전화   031-915-6236
팩스   031-5171-2365
이메일   siso@sisobooks.com

ISBN   979-11-89533-99-1 (13180)

당신의 꿈을 이뤄주는 쉽고 재미있는 성공법

DREAM MAP 드림 맵

박소현 지음

siso

내 인생은 왜 생각만큼
나아지지 않는 걸까?

난 늘 쉬운 쪽을 택했다. 하고 싶은 일이 아닌, 힘듦이 덜한 쪽으로 그리고 실패할 확률이 최대한 없는 쪽으로 말이다. 다행히 목표와 꿈은 있었다. 그러나 그것을 이루기 위한 노력이 힘들면 바로 도망쳤다. 동물을 좋아해 수의사가 되고 싶었으나 삼수를 하면서도 수의학과 입학에 실패했다. 그때는 좌절이었으나, 따지고 보면 노력을 적당히 해서다. 삼수를 하고 받은 수능점수로 대학지원서를 여러 곳에 제출하지도 않았다. 그것조차 귀찮아, 특차로 하향 지원하고 끝냈다. 학기 중 실습과정들과 졸업패션쇼에서 열심히는 했으나, 졸업 후 미래에 대한 치밀한 계획 따위는 없었다. 몇몇 여성복 회사의 면접은 작품 포트폴리오도 보지 않았고, 이름조차 묻지 않은 채 3분 내 피팅으로 끝났다. 마네킹

대접에 소름 끼쳤다. 지금의 나라면, 내가 직접 디자인을 시도하고 판매해보는 새로운 도전을 해봤을 거다. 그때의 나는 "에잇, 더럽다"며 그냥 포기하고, 관심도 없던 아웃도어와 스포츠웨어 디자이너로 3년을 보내게 된다. 드라마에 나오는 멋진 디자이너였을 리 만무했다. 월급날만 기다리다 쇼핑을 가거나 친구들이랑 노는 재미로 지냈다. 세 군데 의류 회사를 전전했지만 뜻하지 않게 브랜드 축소로 부서이동을 권유받거나 같이 일하는 사람으로부터 '온실의 화초'라는 들어서는 안 되는 말을 듣기도 했다. 마지막 회사에서는 월급조차 받지 못했고 사장이 회사에조차 나오질 않으니, 거래처 사장에게서 너네 회사 때문에 부도나기 일보직전이라는 하소연을 들어야만 했다. 나의 20대는 이랬다.

"그동안 우리가 약자인 줄 알았는데, 약자가 아니라, 강해지지 않으려는 사람들이었어요."

드라마 〈빈센조〉의 금가프라자 영호분식 사장님이 빈센조(송중기)를 도와준다는 각오로 했던 말이다. 이 말을 듣는 순간 나는 전율을 느꼈다. 그리고 이런 생각이 들었다. 나도 그리고 생각보다 많은 이들이 자신을 과소평가하면서 스스로 정한 한계선 안에 갇혀 살고 있는 건 아닐까?

일상을 돌아볼 때 가끔 한숨이 새어나올 때가 있다. "왜 내가 원하는 것들이 내 삶 속에 하나도 없는 걸까?", "왜 난 항상 피곤

한데 아무것도 안 한 하루를 보내고 있는 것 같을까?", "하루하루 왜 이렇게 무기력하고 재미가 없는 걸까?", "가고픈 곳으로 여행을 할 수 있는 자유 시간과 돈조차도 없냐", "왜 나는 이렇게 식구들 뒤치다꺼리만 하면서 사는 걸까?" 가장 좌절스러운 건, 이쯤 내가 진짜 원하는 인생은 이번 생엔 그른 거 같은 슬픈 예감이 든다는 거다. 나는 나의 현실이 맘에 들지 않으면서도 무엇조차 시도하지 못했던, 불평불만만 일삼던 겁쟁이였다. 그랬던 내가 우연히 30대에 드림 맵을 만나 변화하기 시작한다.

이 책을 쓰기 전 나는 유명인은 아닌지라, 펜을 들어도 되나 하는 고민도 앞섰다. 그러나 한편으론 빈번한 우울감과 피해의식으로 자신을 사랑할 줄 몰랐던 내가 이제는, 삶의 주인이 된 기분을 맛보며 매일을 주체적으로 살게 된 계기야말로 꽤 현실적인 도움을 줄 수 있을 것 같았다. 또한 "얘도 자기가 가고 싶은 길 가고 있는데, 나라고 못 하겠어?" 하는 만만한 용기를 갖게 해주리라는 믿음과 더불어. 같이 성장하고 서로를 축하해주는 것도 의미 있을 것 같기도 하고 말이다.

나는 드림 맵을 통해, 원하는 것들로 향하는 무한한 에너지를 생성하게 되었다. 그리고 그로부터 몇 년 후 맞이한 유학 여정에서도, 귀국 후 또 다른 혼돈을 맞이했던 때도 내게 드림 맵은 '빛'이 돼주었다. 고작 2문장으로 드림 맵이 가져온 나의 변화를 축약했으나, 그 변화는 내 인생의 방향을 통째로 바꾸어 놓았다. '무언가를 원하는 것' 그 자체가 얼마나 중요한지를 그리고 그것을 향해 노력하는 과정이 때론 힘들지만 아무것도 시도하지 않는 삶보다 얼마나 더 가치 있는 진정한 행복을 주는지를 이 책을 통해 이야기하고 싶었다. 찐으로 하고팠던 미국 유학 생활 그리고 작가와 크리에이터로서의 삶을 시작했다. 지금은 과정에서 고난에 부딪힐 때마다, 그 속에서 성장할 내 자신을 기대하며 문제들을 덤덤히 해결하려 노력한다. 그리고 반드시 지나간다는 믿음을 가진 자가 되었다. 무엇보다 꿈을 향한 여정과 늘 함께하고 있기에, 그 누구보다 활기차다. 이 자체가 이미 갓생을 이룬 행복한 성공자이지 않은가?

'드림 맵'은 이미 '비전 보드'라는 이름으로 해외에서 먼저 알려졌다. 나는 "드림 맵"이라는 명칭으로 부르기로 했다. 직접 겪으면서 여러 버전의 드림 맵들을 개발했고, 꿈으로 가는 과정의 실천을 적극적으로 돕는 액션들의 비법을 다 알려 주고자 한다. 간단히 만드는 방법은 시중에 널려있다. 하지만 "드림 맵"은 그냥 뚝딱 만들고 붙여두기만 하는 단순한 데코레이션이 아니다. 꼭 이루고픈 당신의 소중한 꿈을 담고 있기에, 만드는 과정에 구체적인 팁들, 정성과 진심이 필요하다.

새해를 맞이하기 전 마지막 날(12월 31일) 오후, 지는 해를 보는 가족 전통이 있다. "잘 지냈다, 올해도. 내년에도 건강하고 행복하자!"를 외치며 지난날에 대한 감사함과 앞으로 맞이할 새해에 대한 소원을 빈다. 1월 1일의 해돋이보다, 전날 해몰이 보는 것을 추천한다. 지난해에 대한 찬사를 보내봄도 꽤 의미 있으니.

본론으로 돌아오자. 언제나 새해의 전날과 첫날은 이게 유행이다. 목표를 정해보는 것 그리고 그것을 이뤄보기 위한 계획을 세우고 실천을 다짐하는 것 말이다. 그러나 그것을 위한 뭔가 알맞은 때를 기다리지 말자. 또는 이것저것 생각하느라, 당신의 꿈을 세우는 여정의 완벽한 지금을 놓치지 말자. 이 책이 포근한 침대를 박차고 나올 용기와 꿈으로 향하는 의지를 불끈 집어넣어 줄 그런 치얼 업을, 그리고 여러분에게 진정 원하는 삶을 찾게 해주는 완벽한 케미를 선사하길 바란다!

차례

프롤로그 – 내 인생은 왜 생각만큼 나아지지 않는 걸까?　　　　　•　5

인생의 내비게이션,
드림 맵

굿모닝도 못 쓰던 내가 미국 유학생이 되다　　　　　•　17

월급 100만 원, 동네 학원 강사의 자기계발　　　　　•　25

당신에게도 드림 맵이 있는가　　　　　•　29

자기계발에 열심인 당신에게 없는 'Why'　　　　　•　37

내 꿈의 기획자가 되어보자　　　　　•　42

억지로 버티지 말고 추구하라　　　　　•　44

먼저 나를 신뢰하게 만들자　　　　　•　50

현명한 도구를 손에 쥐어라　　　　　•　58

PART 2

쉽고 재미있는 성공법,
드림 맵

드림 맵은 쉽고 재미있다 • 65

당신의 눈에 보이는 것과 내가 보는 것은 다르다 • 71

999번 쓰는 것보다 단 한 번의 그림 효과 • 76

상상만으로 당신의 실력은 월등히 좋아진다 • 81

나약한 인간에게 헬퍼는 반드시 필요하다 • 86

드림 맵으로 꿈을 이룬 사람들 1 _빚을 성공으로 바꾸다 • 93

드림 맵으로 꿈을 이룬 사람들 2 _무에서 엄청난 유를 창조하다 • 99

드림 맵으로 꿈을 이룬 사람들 3 _타인까지 성공시킨 자기계발 전문가 • 104

드림 맵으로 꿈을 이룬 사람들 4 _굿 라이프를 실천하는 유튜버 • 111

드림 맵으로 꿈을 이룬 사람들 5 _메가셀러 작가의 탄생 • 118

PART 3

미래를 바꿔줄
드림 맵을 만드는 7단계

준비단계 – 드림 맵을 만들기 위한 준비물 • 129

1단계 – 당신이 진정으로 원하는 것 찾기 • 133

2단계 – 방해물 제거하기 • 139

3단계 – 연간 목표에서 하루의 목표까지 • 148

4단계 – 가장 원대한 목표를 찾아서, 이미지 찾기 • 160

5단계 – 당신만의 드림 맵 만들기 • 167

6단계 – 드림 맵의 다양한 버전과 실제 활용하기 • 173

PART 4

당신의 드림 맵을
현실로 만들어 줄 도구들

당신의 꿈을 마음껏 상상하라   • 191

당신의 꿈을 마음껏 외쳐라   • 196

습관이 되도록 루틴 의식을 만들라   • 202

손으로 직접 기록하라   • 209

롱런을 위한 리워드 시스템   • 215

혼자, 고요한 곳에서 실행하라   • 221

에필로그 - 드림 맵 그전과 후에 관한 이야기   • 230

PART 01

인생의 내비게이션, 드림 맵

"원하는 것을 얻고 싶다면
우선 당신에게
그럴 자격이 있다고 믿으세요."

– 앤드류 매튜스

굿모닝도
못 쓰던 내가
미국 유학생이
되다

—

7년 전 나는 하고픈 것보다는 그냥 할 수 있는 것을 하고 살던, 내 꿈보다는 남들 눈치에 적당히 맞춰 살던 평범한 주부였다. 그러던 어느 날 미국 텍사스에 살게 되었다. 주위에서 부러워했다. 그러나 나의 속사정은 달랐다. 4년 이내 다니던 회사로 다시 복귀하지 않으면 사직서를 내야 하는 무리수를 두고 떠나는 남편의 박사과정 유학길이었다. 게다가 18개월 어린 아들을 데리고, 넉넉지 못한 돈(아파트 청약금을 해약한 전 재산)으로 생활해야 했다. LA나 뉴욕 같은 도시도 아닌 텍사스에서도 (수돗물로 음식 조리도 불가능했던) 소도시인 칼리지 스테이션(College Station,

Texas)으로 가야 했으니 막막하기만 했다.

지금의 나라면 "앗싸 가오리"를 외치며 그곳에서 어떻게 보내야 할지 철저한 조사와 준비를 했을 거다. 내 자의로 떠나는 미국행은 아니었지만, 그곳에서 최대한 경험해 볼 수 있는 플랜들을 내 머릿속과 노트에 가득 채워서. 하지만 그때의 나는 그러지 못했다. 툴툴댈 뿐이었고, 떠나기 전 미국의 최저 생활비를 검색하는 남편이 마냥 미웠다. 막상 그곳에서의 삶은 (각오는 했지만), 나의 찌질함만 더욱 느끼게 했다. 식당에서 먹고 싶은 반숙 프라이도 말할 수 없었으며, 스타벅스에서 캐러멜 마키아또를 제대로 주문하는 데에만 몇 주가 걸렸다. H-E-B(대형마트)에서 잘못 계산된 영수증 컴플레인에서도 영어 발음이 서툴렀던 멕시칸 서비스센터 직원에게 면박만 당했다. 열 경련으로 의식을 잃은 어린 아들을 지켜보면서 '구급차 비용 1,000불(비시민권자 비용)은 어떡하지?'가 가장 먼저 뇌리를 스쳐 지나가기도 했다. 부모로서 참담했다. 이러한 순간들이 쌓이다 보니, 자존감이 곤두박질치고, 우울감도 마구 밀려왔다.

텍사스로 건너간 지 2년 하고도 6개월 뒤, 나는 남편이 다니던 미국 공립대 Texas A&M University의 수학교육 석사 과정에 합격하고 만다. 그 이야기를 해보려 한다. 남편은 예상보다 빠른 3년 만에 박사학위를 받게 되었고 (경사였지만) 정작 나는 입학 합격을 늦게 받아 (남편은 졸업 후 귀국해야 하므로) 거기서 계속 대학원 공부를 시작해야 하나 말아야 하나 고민을 했다. 결국엔, 4세 아들과 단둘이 그곳에 남아 석사 과정을 잘 마치고 왔다. 아이를 키우면서 몇 년을 버티다 그냥 남편의 졸업장과 함께 귀국했을 법한데 말이다. 어떻게 평생 원하는 목표 실행을 단 한 번도 해보지 않았던 내가 나만의 꿈을 찾고, 끝까지 실행시킬 수 있었을까?

나는 평생(초중고) 사교육에만 의지해 왔었기에, 자기 주도 학습은 해본 적도 없었다. 게다가 20년간 진지하게 영어 공부를 해본 적도 없는 30대 중반의 전업맘이었다. 어느 날 아이가 "굿모닝 써줘. 엄마." 하자, 당당히 'Good moning(r이 빠진)'을 쓴 심각한 수준의 영어 실력을 가지고 있었다. 그런데 낯선 땅 미국 텍사스에서 독학으로 토플 점수를 따야 했다. 지인들 중 3~6개월 만에 영어 입학시험인 GRE나 TOEFL을 뚝딱 끝내고, 바로 지원 서류를 준비하는 이들이 꽤 많아 '역시 똑똑한 사람들은 다르구나.' 하며 스스로를 폄하하기도 했다. 그런 어리석은 자격지심보다 힘들었던 건 외로움이었다. 아무도 나를 응원해주지도, 지지해주지도, 이해해주지도 않았으니까(그냥 둘째나 낳아 아이의 미국 시민권을 얻으라는 권유만 귀에 못이 박히게 들었을 뿐). 그럼에도 불구하고, 나는 이상하게 포기할 수가 없었다. 오기와 자존심이었을까? 아니, 무엇보다 그때만큼은, 내가 원하는 무언가를 하나라도 이루어 보는 것이 내 자신을 지켜줄 인생의 마지막 보루 같았다. 그때 아이가 다니던 데이케어(어린이집) 시간은 너무 짧았으며, 아이는 자주 걸렸던 열감기로 결석하는 날도 많았다. 영어 공부에 집중할 시간과 에너지가 정말 부족했었다. '뽀로로 시청'이나 욕조 물놀이하는 아이 옆에서, 집중도 잘 안 되는 토플 책만 마냥 붙잡고 있기도 했다. 돈을 아끼려 토플 강의 홈페이지의 광고용 무료 샘플 강의나 최대한 세일하는 저렴한 강의들을 들으며 나만의 비법노트를 만들었다. 공부 기간도 너무 길어져, 볼 책도 없어서 2~3번씩 돌려서 보기도 했다. 결국 토플 시험을 12번이나 보게 된다. 몇십만 원씩 하는 시험비가 어찌나 아깝던지… 마지막으로 보았던 시험 점수가 70점 중반대여서 좌절도 했으나, 심기일전하기 위해 영역별 점수를 분석하려 성적표를 다시 보았다. 그런데 나의 점수는 지원이 가능한 커트라인 점수 딱 80이었다. 이전 시험 성적표를 잘못 봐서 혼자 착각했던 거다. 토요일 아침이었다. 아직도 기억이 생생하다. 신랑에게 소리를 질렀고, 아무것도 모르는 어린 아들을 안고 파자마 바람으로 덩실거리며, 온 집안을 휘젓고 다녔다. 최고로 기뻤다.

그런데 이게 끝이 아니었다. 남들보다 2단계 허들을 더 넘어야 했다. '나한테만 왜 이래?' 하는 생각이 들기도 했지만, 그때 나의 간절함은 골인점에 닿으라고 독려했다. 외국인 학생의 경우 지원 과정은 (학교와 학과마다 다르겠지만), 서류심사(학과지정 에세이, 영어시험 성적표, 기존 졸업성적표, 추천인 레터 등)와 주로 온라인을 통한 면접으로 이루어졌다. 그러나 (내가 학교 주변에 거주해서인지) 담당 교수는 직접 만나는 face-to face 인터뷰를 요청했다. 나는 몇 주간 구글에서 면접 자료를 서칭하고 유용한 단어들, 예상 질문들을 300개 정도 프린트했다. 홀로 묻고 답하기를 몇천 번은 했다. 암기가 아닌 자연스레 말하는 것처럼 보이려면, 그럴 수밖에 없었다. 다행히 면접 내내 담당 교수는 "Good!"을 연발하며 영어 실력을 의심치 않으셨다. 그러나 뜻하지 않게 의류학 전공자라는 이유로 학기 과정을 잘 따라올지 탐탁지 않아했다. 블린(전문대, 커뮤니티 칼리지)에서 지정해 준 대학수학 2과목에서 A를 받아오라는 조건을 달았다. 나는 바로 블린의 학과장에게 이메일을 보냈고, 직접 만나 청강이 가능하다는 승인을 받았다. 지금 생각해보면, 그때의 나는 참 용감했다.

당시 나는 수학과에서 유일한 동양인 여학생이자 외국인 유학생 신분으로, 갓 스무 살이 된 파릇파릇한 미국인 학생들과 함께 수업을 들었다. 블린에서 학기 말쯤 되자 40명이었던 수강생이 15명으로 줄기도 하는 진풍경을 보기도 했다. 나의 느낌은 미국의 학생들은 멋진 솔직함, 적극성, 긍정적인 태도를 가졌지만,

더불어 포기도 (어디까지나 주관적인 생각이다) 속전속결이었다. 그들은 엄청난 과제와 수시로 치르는 시험에 대한 압박이 컸나 보다. A학점을 받은 레코드를 Texas A&M 담당 교수님께 넘겼고, 며칠 후, 행정과 직원으로부터 합격을 알리는 이메일을 받고 몇 주 후, Texas A&M 대학으로부터 합격 레터를 우편으로 받았다. 그때의 기분이란, '드디어 내게 노력을 한 만큼 한 단계 나아가는 구나' 하는 기쁜 보람과 남다른 각오가 아로새겨졌다.

수학교육과였지만 아이러니하게도 수학교육 이론보다 영어로 듣고, 읽고, 말하고, 쓰는 압박이 엄청났다. 같이 수업을 들었던 학생들 중 현지 학교에서 아이들을 가르치는 미국인 교사들도 많았다. 몇 안 되는 한국인 유학생들도 쟁쟁한 경력과 실력파 박사과정 중이었으며, 같이 입학한 동기는 베이징대를 나온 20대의 수재였다. 싱싱한 뇌를 가진 20대들 틈에서 영어도 못 하고 간신히 입학한 35세의 한국인 아줌마가 끼어있는 셈이었다. 각 수업들은 2~3주마다 에세이나 프레젠테이션이라는 결과물을 보여주어야 했으며, 수업시간마다 토론(통으로 한 챕터의 전체 내용과 몇 편의 논문들이 일주일 내 진도)을 해내야 했다. 또한 체험활동 보고서(랍비님을 만나 인터뷰도 했다), 직접 만드는 영상을 유튜브에 공유하고 발표하기, STEAM 커리큘럼 만들기, 한 학기 동안 기획하고 실험한 연구 보고서 제출 등의 혹독하지만 다양한 과제들이 있었다. 과제의 부담감에 발표 전날이면 잠이 오지 않기도 했다. 과정은 헤맴과 좌충우돌 가득했지만, 학과에서 에세이 점수를 짜게 주기로 소문난 엄격한 교수에게 "너 에세이 정말 원어민이 쓴 것 같다(약간 이상한 어감이나, 최고의 찬사다)"라는 평가와 더불어 졸업 시 나는 4학점 만점에 3.75학점을 받았다.

일시적인 싱글맘의 텍사스 라이프는 다사다난했다. 대형 바퀴벌레들과의 5년간 동거동락, 4cm 크기의 우박에 크래커처럼 돼버린 내 차, 졸업시험 페이퍼 제출 전 킨더가든에서 다친 아들과 응급실행, 윗집 스프링클러 터짐으로 천장 내려앉음, 차 사고가 나서 팔 한쪽을 들지 못한 채 기말고사 ppt 발표, 시험 전날 이웃의 광란의 파티로 경찰 출동, 카드 사기, 극심한 스트레스로 얼굴 전체 피부 벗겨짐에 아이는 플루에 걸려 타미플루를 먹으면서 7일간 집에 갇힌 채 새벽 3시 주룩주룩 흐르는 눈물을 닦으며 홀로 과제 페이퍼를 쓰기도 했다. 이러한 자잘했던 사건사고들보다, 그저 우리 모자가 안됐다는 쓸데없는 동정과 고작 4살이었던 아들에게 의젓함을 강요하는 게 더 싫었다. 그래서인지 친한 지인들 몇 명만 제외하고 교민들과 담을 쌓고 지내기도 했다. 끊임없이 생기는 일들을 처리해야 하는 매일에 지쳐 극심한 불안증에도 시달렸으며, 자살 충동과 과호흡 증후군을 겪기도 했다.

그러나 나는 후회하지 않는다. 아빠와 떨어져 살게 해 아이한 테 미안했던 것과 다시는 겪고 싶지 않을 정도로 힘든 그 순간들 이 있었지만, 아이와 단둘이 코퍼스크리스티로 떠났던 여행, 할 로윈등 달마다의 축제, 같이 영화관 데이트나 서로 꼬옥 안고 책 을 읽던 따뜻한 밤 등 좋은 추억도 많다. 그때들이 있어 성장했 고, 100% 살아 숨 쉬는 온전한 자유와 삶의 주인 됐음을 느낄 수 있었다. 처음으로 오롯이 내가 하고 싶은, 꿈꾸는 일에 집중 할 수 있는 기회였다. 가장 중요한 건, 세상을 바라보는 프레임 이 바뀌었다는 것 그리고 어떤 상황에서도 나는 할 수 있다는 믿 음, 그 위대한 자신감을 얻었다는 것이다. 이는 '내가 원하는 삶' 을 영위할 수 있게 해주는, 무엇과도 바꿀 수 없는 평생의 자산 이다.

꿈 따위 개나 줘버리고 평온함만을 추구하던 나는 어떻게 원 하는 것을 찾고 누릴 수 있는 용기가 생긴 걸까?

월급100만 원,
동네 학원 강사의
자기계발

—

스물아홉의 나는 지방의 한 작은 보습학원의 수학 강사였다. 2~3명 남짓의 반 아이들을 15명으로 확장해가며 열정적으로 일했다. 아이들이 너무 예쁘고 사랑스러웠다. 그러나 하루 8시간 목이 터져라 강의를 하고, 주말 특강과 끝이 없는 보강을 해도 매월 통장에 찍힌 97만 원이라는 월급에 허무해졌다.

그래서 사표를 냈다. 백수가 되어 침대 붙박이가 되었는데, 어느 날 방바닥에 굴러다니는 책 한 권을 집어 들게 되었다. TV나 술 대신, 책이었던 게 지금 생각하면 어찌나 다행인지…. 단골 카페에서 빌려온 자기계발서였다. 책 속에 등장하는 주인공의 찌질한 과거사들이 내 처지와 오버랩되며 순식간에 몰입해 읽었다. 차마 마주하기 싫었던 내 인생을 돌아보게 했다.

나는 강사이기 전, 의류학과를 나온 꿈 많은 디자인학도였다. 어쩌다 잠깐 다녔던 회사의 부도로 다시 또 구직 준비를 하다가 부모님 댁으로 쉬러 내려오게 된다. 잠시 생계형 알바로 시작한 강사가 아이러니하게도 내 재능과 적성에 맞았다.

"난 왜 이렇게 됐지? 열심히 살아도 왜 만족스럽지 않은 걸까? 내가 노력한 것에 비해 터무니없는 월급을 받으면서 왜 피땀을 흘렸던 걸까?"

그 책에는 못마땅했던 자신의 인생에서 탈출하고자 시도했던 여러 가지 팁과 성공 과정이 나와 있었다. 그중 '자신이 원하는 것을 사진으로 보드에 붙이고 계속 바라면 얻을 수 있다'는 이야기가 나를 사로잡았다. 그것을 만들어 보기 위해 원하는 것들을 떠올려 보았다. 마리 인형을 갖게 해달라고 하느님께 기도하던 아홉 살 이후, 처음으로 내 안의 간절함에 귀를 기울였다.

집에 굴러다니던 보그 잡지 페이지들을 넘기며, 내 꿈과 들어맞는 이미지들을 찾고, 가위로 쓱싹쓱싹 오려 A3 스케치북에 붙였다. 그 작업을 하면서 마냥 행복했다. 신기했다. 어느새 자괴감이 들었는지도 잊어버렸다. 새로운 설렘으로 심장이 콩닥거렸다. 나만의 지도를 보기만 해도 배시시 웃음이 나왔다. 혼자만의 비밀과 소중한 보물이 생긴 것 같아 기뻤다.

웅크리고만 있던 나는 용기를 내 학원을 할 만한 강의실의 월세를 직접 알아보기도 하고, 페이와 근무환경이 만족스러웠던 안정적인 규모의 학원들에 면접을 보았다. 결과를 기다리는 동안, 2년간 수고했던 나를 위한 선물로 모아놓은 돈 중 150만 원을 빼 동생과 여행을 떠났다. 여행 중 근무하길 원했던 학원에서 "시강(원장과 이사진 앞에서 칠판 판서와 강의를 실제로 보여주는 것)을 보고 맘에 쏙 들었다"며 당장 와달라는 전화를 받았다.

밤 10시 이후에 퇴근하기에 차도 구매했다. 옮긴 학원은 전에 근무하던 학원보다 규모가 컸다. 수학팀 선생님만 해도 8명 정도 되었다. 좌식변기로 된 구닥다리 화장실에서 대걸레를 빨고, 굽 높은 실내화로 물을 꾹꾹 짜내지 않아도 되었다. 학생 수가 줄어들까 혼자 전전긍긍하거나, 저녁도 제대로 못 먹고 수업을 하지 않아서 좋았다. 학생관리와 커리큘럼도 어느 정도 시스템화되어 있었다. 몇 배로 커진 강의실에서 강의를 하는 내 모습이 자랑스럽고 만족스러웠다. 근무한 지 몇 주도 안 되어, 초등부 팀장 자리와 학원에서 추가 개인 과외 제안도 받았다. 불과 한 달 만에 내 월급 통장에는 90만 원대에서 200만 원대가 찍혔다. 그러던 중, 마지막이라며 (솔직히 일에 전념하고 싶어 몇 년은 미루고 싶었다) 나간 소개팅에서 운명처럼 좋은 사람을 만나 그 사람과 결혼도 하고, 아이도 갖게 되었다.

이사를 위해 우연히 짐 정리를 하던 어느 날, 나는 내가 만들어둔 드림 맵을 보고 깜짝 놀랐다. 학원 강사로 근무하고 있는 모습, 좋은 사람을 만나 행복한 모습, 반지와 꽃다발, 안정된 가정 속에 아이랑 함께 있는 사진, 빨간 뉴비틀 한 대… 그 사진의 모든 것을 다 이룬 것이었다. 만든 지 7개월 만에 2배 이상의 월급과 만족스러운 직장을 갖게 되었으며, 평생의 짝꿍도 만났다. 반지도, 꽃도, 아이도, 내 차도 내게 이미 있었다.

그러나 원하는 이미지만 붙인다고 인생이 달라질까? 결코 그렇지 않다. 부끄럽지만 꺼내놓은 내 인생의 페이지들에서, 그리고 그 속에서 얻은 꿀팁들로부터, 당신의 삶에 멋진 변화를 가져올 드림 맵 효과를 누려보자.

당신에게도 드림 맵이 있는가

—

    그렇게 드림 맵의 매직을 이뤘지만, 안타깝게도 결혼 후 내 꿈을 잃어버렸다. 지속하는 힘을 잃어버린 탓이었다. 드림 맵은 한시적인 것이 아닌, 영원 지속한 원대한 것이어야 한다. 한 번 썼다 버리는 것이 아닌 계속해서 함께 가는 것으로서, 꿈이 깃든 목표들과 일상이 조화롭게 잘 짜인 각본이어야 했다. 혼자서 별별 삽질을 하고, 실수하며 어느 정도 지금은 행복한 삶을 살고 있다고 자부하기에 '꿈을 행복하게 이루고픈 사람이라면 한 번쯤은 드림 맵을 만들어봤으면 좋겠다' 하는 마음으로 이 책을 쓰고 있다. 100억 매출을 넘긴 CEO나 연봉 억대 강사는 (아직은)

아니지만, 무엇보다 나만의 꿈을 품고, 하고 싶은 일과 하고자 하는 것들에 둘러싸여 있는 생글생글한 삶 속에 있다.

어쩌다 전업주부가 되었다. 결혼 후, 근무하던 학원을 그만두고 대전으로 왔다. 2달 뒤 생긴 아기(지금의 소중한 아들)의 유산 위험 판정을 받은 후 집에서 누워 지내게 되었고, 근무는 엄두도 못 냈다. 건강히 태어난 아이가 9개월쯤 되었을 때, 남편이 지원한 미국 대학(유학)에 합격하게 되었고, 칼리지 스테이션(College Station)에서 5년 생활 후 (남편의 유학 3년, 나의 유학 2년) 귀국했다. 바로 일을 시작할 줄 알았건만, 상황들은 녹록지 않았다. 오자마자 취학을 한 학기 앞두게 된 아이의 한글 교육과 한국에서의 학교 적응, 대전-세종-광주로의 3번의 이사를 하게 되면서 3년이 지났다. 내 꿈을 과감히 실현하는 용기 대신, 엄마와 아내로서 양보와 타협을 해서인지도 모른다. 하지만 지금의 나는 예전(결혼 후 3년)과 다르게 살고 있다. 나의 꿈을 차곡차곡 실현해가고 있다. 모여서 학교나 시댁 흥보는 번개 모임이나 홈쇼핑과 드라마로만 나의 시간을 보내지 않는다. 앞으로의 강의를 위해 초중고 수학 과정들을 다시 연구하고 있으며, 스토리텔링 수학교육 관련 자격증을 따기도 했다. 스스로 작가가 되어 새벽 5시부터 글을 쓰며, 나만의 책 출판 프로젝트를 진행하기도 했다. 책 쓰기의 시작은 나에게 인생의 새로운 정점을 느끼게 해주었다. 세종시의 아파트로 이사를 하고 집안을 쓸고 닦으면서 나는 그곳 학원에서 근무와 과외 강의를 할 새 출발에 설렜다. 하지만 팬데믹으로 인해 아이가 학교에 등교하지 못하는 상황이 되어 출근을 잠시 보류하게 되었다. 그때의 나는 몇 주간 팬데믹으로 인한 (누구나 겪었을) 패닉을 겪기도 했다. 그러다 어느 날 문득 이런 생각이 들었다.

'내가 두려워해봤자, 상황을 탓하고 있어봤자, 해결되는 것은 없어. 지금 이 상황은 개인이 왈가왈부할 수 없는 전 인류에게 닥친 재난이야. 그럼 난 여기서 어떻게 해야 나중에 후회하지 않을까. 무엇보다 하루하루 시간이 아깝다. 내가 집에서 할 수 있는 일을 하자.'

취업 못 할 바에, 유튜버로 취직할 수 있었던 용기

그래서 용기를 끄집어내어 겉보기와 달리 지나치게 내성적인 내가 얼굴을 공개하는 유튜브를 시작했다. 평소 유튜브 시청을 즐겨했었고, 온라인으로나마 하고픈 강의와 소통의 창을 열고 싶어서였다. 사람들에게 도움이 될 만한 콘텐츠를 생각해내고, 나름 콘티를 짜는 기획과 영상편집이라는 신성한 중노동이 재밌었다. 새로운 것에 도전해본다는 것은 죽어있는 영혼에 새 생명을 불어넣는 것과 같다. 내 것을 하는 시간과 나만의 공간인 개인 채널이 하나 있다는 것! 이것은 오롯이 본인 업에 집중할 수 있었던 유학 시절과 오버랩 된다.

유튜브 채널의 영상들을 처음에는 아무도 보지 않았다. 그러나 지금은 점점 영상 조회수와 구독자수가 늘고 있다. 사람들에게 긍정적 에너지를 전하는 동기부여가 채널의 궁극적 목적이다. 긍정적인 내용들을 전하다 보니, 내 삶에도 많은 활력이 되고 있다. 컴퓨터를 이용한 영상편집, 자막, 썸네일, 배경음악 작업 등 전혀 몰랐던 새로운 스킬들도 쌓게 되었다. 다이어리 제작 회사로부터 협찬 제의가 들어와 그 제품을 한 달간 직접 사용해보고 그 포맷의 장단점을 전하는 콘텐츠를 제작하는 재미있는 작업도 있었다. 유튜브를 통해 좋은 사람들을 알게 되고, 서로에게 도움을 주며 진솔한 소통도 할 수 있어 참 좋다. 아직은 작은 채널이지만 당당히 '유튜버'라고 내 직업을 말하며 발전해가고 있다. 미국에서 마음의 힘듦과 지침 속에서 혼자 노력하여 깨달았던 자기계발과 기록의 팁들을 맘껏 발산하고 있다. 세컨드 채널에서는 교육자로서 학생들의 마인드 컨트롤, 학습법과 중학교 수학 이론에 관한 영상들도 만들어 업로드했다. 이는 출산과 육아로 잠시 쉬고 있으나, 초여름부터 본격적으로 콘텐츠가 올라갈 예정이다. 유튜브와 책 쓰기는 꾸준히 하면서 앞으로 프리랜서 형식으로 할 수 있는 프로젝트 업무들을 기획 중이다. 예전의 나라면, 계획과는 다른 상황들을 방해물로만 여기며 투덜댔을 것이다. 하지만 지금의 나는 원하지 않는 상황들이 소용돌이처럼 밀려올지라도 내 꿈들마저 그 소용돌이 속에 던져져서는 안 된다는 법을 깨달았다. 태풍의 눈 속에서 고요히 바라보며, 소중한 꿈들은 꼭 끌어안고 있어야 한다. 잠시 멈추더라도 또는 예상보다 많이 늦어지더라도 다시 바로 꺼내어 펼칠 수 있도록 말이다.

첫째 아이가 학교와 방과후 수업을 다녀오거나 둘째가 낮잠을 자는 1~2시간의 짬이나 가족 모두가 자는 새벽 1~3시에 유튜브 영상을 찍고, 브런치에 칼럼이나 에세이를 쓰거나 책을 쓰고 있다. 내게 주어진 시간과 에너지를 잘 이용하고 집중하여, 내 꿈 그리고 좋아하는 일들을 향해 나아가는 중이다. 하루하루는 매 순간 작은 발자국이지만, 뚜렷한 목표가 있기에 활기가 넘친다. 마치 모든 것을 가진 사람처럼 그리고 최종 목적지에 반드시 다다를 것을 아는 것처럼.

"어떻게 그렇게 매일 너는 네가 하고 싶은 일을 해?"

친한 지인이 이런 말을 넌지시 던진 적이 있다. 내가 신기해 보인다는 눈빛과 애정 어린 기특함이 담겨있었다.

"넌 어떻게 그렇게 무언가를 늘 그렇게 열심히 하고 있어? 아니, 할 수 있어?"

질문을 받고 나서 나도 넌지시 물었다.

"제가요? 그런 것 같네요. 글쎄요?"

그 만남과 대화가 있고 나서, 스스로 정말 그렇게 살고 있는 나의 뿌리가 궁금해졌다. 섣불리 답이 떠오르지 않았지만, 확실했던 것은 '난 행복하다. 지금이. 그리고 대부분의 아침에 기대감에 눈이 떠진다'는 사실이다. 며칠간 스스로에게 질문을 던져보았다.

"어떻게 항상, 무언가를 계획하고, 하고 싶고, 또 하고 있지?"

그러다 문득, 인생의 몇몇 시점들이 떠올랐다. 많이 게으르고 겁이 많은 내가 원하는 것(What I want)들을 일상에 예전보다 많이 집어넣으면서 살 수 있는 데는 '저절로'라는 것은 없었다. 유학 준비를 하던 나. 2019년 7월부터 글쓰기를 시작한 나. 365일은 아니더라도 새로운 꿈과 목표로 매일매일을 기록하고 있는 나. 끄적이는 것 덕후인 나의 노트들을 보니 더욱 뚜렷해졌다. 소중한 꿈들과 버킷리스트들이 적혀 있었다. 무한반복으로. 내 서재에는 직접 그리고 만들었던 꿈의 지도 '드림 맵'들이 동서남북에 있었다. 핸드폰 배경 화면에도.

드림 맵이 삶 속에 있고 없고

나는 드림 맵이 있어, 조금씩이지만 매일 성장해가는 나무다. 드림 맵은 나만의 나무에게 시원한 물이 되고, 달콤한 양분이 되고, 따뜻한 햇빛이 되어준다. 아무도 내 소중한 꿈들을 멈추게 할 순 없으며, 진정 자유롭고 기대되는 하루하루를 보내고 있다.

늘 무언가를 생글거리며 해나갈 수 있는 나는 일상 곳곳에 내 꿈들의 향연과 함께다. 나만의 드림 맵과 기록 노트들은 부터 넘치는 삶의 목적들을 만들어주었다. 그 목적들이 실로 나약하기만 나를 반짝반짝한 매일로 이끈다. 미래에 대한 설렘도 한 스쿱 넣어주었다. 겨울잠만 자던 곰처럼 지내던 지난날의 내가 아니다. 물론 가끔은 소파에서 드라마나 홈쇼핑만 돌려 보거나 침대에서 뒹굴거리기만 할 때도 있지만, 단지 번아웃을 없앨 휴식일 뿐이다. 그러다 다시 묵묵히 책을 쓰고 유튜브 영상을 찍고 편집한다. 솔직히 귀차니즘에 빠져 있는 때에도 유튜브 소재거리와 책에 쓰고픈 내용들로 헤엄치는 내 머릿속의 아이디어들을 끄집어 핸드폰 메모장이나 노트 위에 끄적이고 있다.

직접 만든 드림 맵은 세상에서 유일무이한 것으로, 그 드림 맵은 남들의 좋아하는 것 말고, 내가 좋아하는 것에 집중하도록 도와준다. 정형화된 이미지의 인싸보다, 나만의 〈행복성공 프로젝트〉를 진행하는 나만의 아싸가 한 번쯤 되어본다면, 당신은 꿈에 더욱 가까워질 것이다. 그리고 무엇보다 그 과정 속에 기쁨은 덤이다. 과정이 행복하다면, 그 결과가 목표점보다 늦게 이뤄지더라도, 당신의 위치점은 행복한 성공의 길 위다.

자기계발에
열심인
당신에게 없는
'Why'

—

　'꿈'은 '이루고 싶은 삶의 모습으로 사는 것'이다. 이는 당신의 목적이자 당신만의 Why(왜)다. TV에서 유명한 사람들의 성공담에 감동해 나도 저렇게 성장하며 꿈꾸는 삶을 살고픈 욕망이 샘솟았다. '그래, 올해는, 이번 달에는 무언가를 해보자.' 하는 마음으로 아침에 무거운 몸을 이끌고 열심히 자기계발 프로그램인 '미라클 모닝' 온라인 모임에 가입했다. 새벽 5시에 나의 동지들과 ZOOM으로 각자 이뤄낸 일들 또는 할 일을 이야기하며 서로를 독려한다. 인스타그램에는 #미라클모닝_일상을 공유하며 뿌듯하다. 100일 또는 6개월 이상 열심히 자기계발 미션들을 실천했다. 하지만 밤 10시면 눈이 감기는 것 빼고, 이룬 것 하나 없는 듯 갑자기 허탈감만 밀려오곤 했다. 그 이유는 그냥 '미라클 모닝 클럽'에만 속해있을 뿐, 나만의 뚜렷한 목적의 부재 때문이다. 당신이 지금 실천하고 있는 액션 뒤에는 그것을 통해서 "나는 ~을 이루고 싶은가?" 대한 전제가 있어서야 한다. 즉, 당신만의 Why(왜)은 무엇인가?

자기계발도 유행 따라, 뒤처지면 안 되니까?

남들이 다 하니까 하는 자기계발 프로그램 말고, 자기만의 확고한 계획과 목표의 뚜렷함이 필요하다. 누군가와 같이 성장을 도모하는 것은 멋진 일이다. 하지만 그들과의 교류와 소속감에만 의지하지 말고 "내가 바랐던 그 꿈은 무엇인지?"에 대한 확실성을 가져보자. 남들이 다하니까 하는 영어공부, 아침 운동, 1년에 책 100권 읽기를 무작정 하는 것은 의미가 없다. 그것들이 나쁘다는 것은 아니다. 정말 멋지고 박수 쳐야 할 자기발전 도모다. 하지만 무엇보다 아침에 1시간이 주어지건, 3시간이 주어지건 아니, 단 30분이라도 내가 원하는 꿈을 향한 여정들, 그러니까 나만의 자기계발을 쌓아가야 한다.

What Do You Want?

우선은, 자신이 진정 원하는 것이 무엇인지 알아야겠다. 그것을 통해 구체적인 꿈을 꾸고 계획을 짜서 실천하는 거다. '경제적 자유를 누린다'가 목표라면, 아침에 건강을 위한 스트레칭으로 활력을 찾고, 경제 관련 서적을 읽거나 관련 스터디 모임에 참여하자. 읽을 책들(경제 분야도 광범위하다)에 관한 리스트를 미리 만들어 놓거나 관심 분야도 구체화해보자. 재테크 분야에서도 절약 노하우, 주식투자, 경매나 부동산 등 범위가 꽤 넓다. 책 읽기 이야기가 나와서 말인데, 무조건 '100권 읽기'(안 읽는 것보다 낫겠지만)보다 여러분의 가려운 곳을 긁어줄 분야의 섬세한 책 리스트를 뽑아서 읽자. 그리고 읽은 책에서 배운 지혜를 반드시 일상에서 실천한다. 1년간 단 1권을 읽더라도 실천(Do)하여 변화(Change)하고 성장(Develop)했다면, 이로써 완벽하다.

미라클 모닝 말고, 저녁 시간을 활용하는 '미라클 이브닝'도 좋다고 생각한다. 저녁형 인간인 나도 주부이고 엄마가 된 후로 새벽 시간을 토플 공부에 활용해왔었다. 하지만 이제 나만의 스케줄을 요리조리 잘 설계해서 오전과 오후 시간에 할 일을 해나가고 있다. 자기계발 타임은 자신의 상황에 맞춰 설계하는 거다. 모두가 추구하는 한결같음을 좇는 실수는 범하지 말자. 오히려 남들보다 다른 방법과 다른 조건 속에서 실행(꿈을 이루기 위한 여정)함으로써 당신은 그 누구보다 독보적인 사람이 되지 않을까?

요즘 어쩔 수 없는 집콕으로 '미니멀 라이프'가 대유행이다. 집에 있는 지저분해 보이는 것을 싹 다 버리고, 전형적인 '미니멀 라이프'의 인테리어를 따라 한다. 이것의 장점은 물론 있으나 무작정 겉모습만 따라 하지 말고, 나만의 라이프 스타일과 가치관을 적립한 후에 집안을 정리해보자. 요점은 유행 따라, 남들 따라 흘러가는 자기계발 말고, 원하는 삶에 집중해나가는 자기계발 계획과 나만의 프로젝트 창조자가 되어보는 것이다.

원하는 모습을 향한 자기계발

의미있는 자기계발에는 '어떠한 변화'가 내재되어 있다. 즉, 반드시 원하는 변화의 모습에 집중해보면 나만의 목적(즉, Why) 설정이 쉽다. 그리고 실천의 지속력도 높아진다. 예를 들어, '좀 더 건강하고 의욕 있는 자신의 모습'으로 변하고 싶어, 운동을 하기로 하고 쉽고 단순한 것부터 실천하기로 한다. 아침밥을 반드시 먹고 만 보를 걸으며 산책을 했다. 이는 필시 도움이 된다. 장기간 유지도 해나갈 수 있었다. 이를 자세히 살펴보면 반드시 그 근본엔 '우울증 극복'이라는 자신만의 간절한 목표가 있었다.

자신의 뚜렷한 목적성(꿈)에 부합할 자기계발을 하자. 자기계발은 단순히 그냥 하는 것 또는 해야 하는 것, 하면 멋있는 것이 아니다. 원하는 당신의 모습, 당신이 하고픈 동사(Do)들이 가득한, 그 삶을 Get! 하기 위함이다. 이것이야말로 당신의 꿈을 이루게 도와줄 진정한 자기계발이다. 자기계발은 당신의 꿈을 이루기 위한 그런 수단이 되어야 한다.

내 꿈의
기획자가
되어보자

구체적으로 자기계발은 '더 나은 나'가 되기 수단이라면, 사람마다 원하는 자신의 모습과 삶의 모습이 다양하며, 이것은 각자의 자연스런 욕망이다. 이 욕망이 바로 내가 진짜 바라는 것들이다. 거기에 포커스를 두어 자기계발 플랜을 짜보자. '뭐 이렇게까지?' 하고 느낄 정도로 구체적이어야 한다. '내 꿈은 언젠가 이루어질 거야'가 과연 가능한지 나의 지금을 보면 알 수 있다. 지금 무언가 사부작하고 있는 것인지, 막연히 멀찍이서 바라만 보고 있는지 말이다.

Plans with You

당신의 꿈, 즉 목적을 정했다면, 계획을 짤 때, 확실한 목표를 잡자. 포인트는 작게 쪼개는 것이다. '1년의 목표 → 2~3개월의 주기 → 1달의 목표 → 1주의 목표 → 1일의 목표'로 나누는 식이다. 이러한 계획을 짜는 것조차 귀찮다면, 미안하지만 당신의 꿈은 결코 당신의 메이트가 될 수 없다.

분기별로 날을 잡아, 당신만의 계획을 세워보자. 이러한 계획 짜기에 대한 도움 되는 팁들은 뒷 파트에서 자세히 언급하며 당신을 적극 돕겠다. 원하는 결과를 위해서는 분야(경제, 스포츠, 학문, IT, 사업 등)를 불문하고 반드시 치밀한 기획자가 되어야 한다. 허술한 플랜으로 무작정 돌파하는 것은 당신의 소중한 목숨을 건 어리석은 전술에 불과하다.

예를 들어, 미국에서 경제 분야 또는 공학 분야 박사학위를 목표로 한다면 그 분야와 연관된 드라마, 에세이나 논문을 통해 언어 공부를 하는 것이다. 아침마다 조깅을 하면서 "(무작정) 건강하자"로 뛰는 것이 아닌 "나는 건강한 체력으로 ~를 하는 ~로서 위대한 꿈을 누릴 거야" 하는 마음으로 런닝화를 신자. 그럴 수 있는 당신은 틀림없이 눈빛과 뛰는 포즈부터 나오는 아우라가 남다를 것이다.

억지로
버티지 말고
추구하라

—

'Keep going'보다 'Pursue'라는 말이 더 멋지다. 토플 공부로 지쳐가고 있을 무렵, 한 온라인 강좌의 강사님이 'Pursue'라는 단어를 칠판에 쓰시며 수험생들을 응원했다. 그 순간, 내 영혼에는 그 단어가 가슴속 깊이 아로새겨졌다. 구글 사전에 찾아보면, 'Keep going'은 '힘든 상황에서도 보통의 상황을 위해 노력을 한다'라는 뜻이다. 'Pursue'는 '~을 계속 추구한다'는 것이다. 힘든 상황에서 버티는 것보다 목표를 추구하는 삶이 더 좋지 아니한가?

우리의 삶이 〈오징어 게임〉의 줄다리기에서처럼 넘어지지 않기 위해 안간힘으로 버티는 것만이 되어선 안 된다. 나도 한때는 "버텨야 한다"는 마음으로 처음 2학기 동안 미국에서 남편 없이 아이와 단둘이 버텼다. 군대에서 제대일만 기다리는 사람처럼 달력에 날짜를 그어가며 지냈다. 하지만 어느 순간 깨달았다. '이렇게 내 하루하루를 빨리 지나가야 하는 것으로 여기는 것은, 내 삶과 더불어 내 자신도 꽤나 후지게 만드는 것이다'라고. 꿈이 있는 당신은 이미 멋지다. 그러니 그 꿈을 이루기 위해 나아가는 당신의 일상은 버팀이 아닌 찬란한 하루하루가 되어야 한다. 와락 바락 버티는 투사로서의 삶이 아닌, 나만의 목적, 선샤인(Sunshine)을 향해 신나게 달려가는 삶을 사는 사람이 되어보자. 그러기 위해선 꿈을 이뤄가는 과정 속의 하루하루를 어떤 마음으로 지속해 나가는가가 중요하다.

멋지게 지속하자! 때론 미친 사람처럼 열심인 나만의 변태스런 순간들을 즐기자!

무려 시즌 9까지 방영했던 미드 '슈츠(Suits)'에서 하버드 출신에 최고 로펌의 파트너 변호사인 하비는 자뻑이 심하다. 재수 없어 보이지만 멋있어 죽겠다. 그는 승산이 안 보이는 소송 중임에도 "난 반드시 이길 거야"라고 늘 입버릇처럼 말하고 다닌다. 맞춤 수트를 멋지게 차려입고 말이다. 그리고 결코 포기하지 않는다.

남들이 편하게 드라마를 보고, 맥주를 마시는 시간에 당신은 홀로 로스쿨에 가기 위해 공부를 하고 있다고 가정해보자. 또는 '사업 구상을 위해 열심히 고군분투 중이다'라고. Texas A&M 에 다닐 시절, 금요일 오후에 도서관에 가면 학생들이 평상시보다 절반도 되지 않았다. 그 시간에 앉아 있는 학생들은 어느 때보다 진지하다. 그날 내야 할 리포트가 나처럼 다급해서일 수도 있고, 남들 다 놀 때 도서관에 앉아 있는 자신만의 절실한 이유가 있을 것이다. 나는 전날 밤에 3시간을 잤더라도, 그때에 쓰는 에세이가 가장 잘 써졌다. 과제 마감시간이 촉박하여 몰입이 잘 되기도 했으나, 무엇보다 내 자신이 너무 자랑스럽고 뿌듯해서였다. 금요일 오후에도 학업에 열심인 내가 말이다. 주말 아침에도 글이 끝내주게 잘 써진다. '와~ 남들 다 잘 때, 놀 때 난 내 꿈을 향해 나아가고 있구나' 하는 자뻑에 심취해 있어서다. "당신의 꿈을 이루기 위해서는 드라마도 보면 안 되고, 맥주도 마시면 안 돼요"라는 것도, '남들 놀 때 놀지 말고, 잠을 줄여가며 꼭 자기계발을 해야 합니다' 하는 뭐 그런 워커 홀릭을 조장하는 것도 더더욱 아니다.

'당신만의 목표를 이루기 위한 무언가를 하고 있는 최고 몰입'의 순간, 그 멋짐이 폭발하는 찰나를 즐기라는 것이다. 본인의 그러함에 스스로 "나, 왜 이렇게 멋져." 하는 마음으로 힘듦을 버티는 것보다 그 순간들을 추구하라. 당신의 꿈을! 당신의 목표를! 남들 앞에서는 겸손하되, 나하고만은 맘껏 자뻑을 즐기고 스스로를 대견해하며, 그렇게 당신만의 반짝이는 순간들에서 놀아보자.

얼마나 지속해야 하는 거야

한숨이 나올 수도 있지만, 어쩔 수 없는 진실이다.

"될 때까지."

'3주면 습관이 형성된다. 66일이면 된다' 하는 성공과 습관에 대한 책들에서 나오는 데이터들이 있다. 그것도 맞다. 하지만 우리는 좋은 습관 하나 형성하는 것으로 끝나는 것이 아닌, 일정 목표를 한 번쯤은 이뤄보아야 하지 않을까?

그렇담, 각자가 원하는 목표들을 이룰 때까지 자신만의 어떠한 변화와 결과를 얻어야 한다는 결론이 나온다. 과정 자체도 아름답다. 맞다. 하지만 반드시 아주 코딱지만 한 작은 결과물이라도 있어야 한다. 결과물이 생각보다 작을 수도 또는 꽤 늦게 이뤄질 수도 있다. 지속하는 것은 언제까지 기한을 정해놓고 하는 것이 아니다. 꿈을 이뤄가는 과정의 계획에서 물론 시간이라는 약속은 빠질 수 없다. 하지만 기한 중심이 아닌, 성과 중심으로 가야 의미 있는 값진 도전과 노력의 결실을 맺을 수 있을 것이다. 물론, 정말 아니다 싶은 길목에서는 중간에 포기하고 다른 길을 찾을 수 있다. 이건 나중에, 일단 스타트 해보고 고민해 봐도 늦지 않다. 가기 전부터 머릿속으로 단정 짓고 회피하지 말자.

중간 점검과 리뉴얼

의사로부터 체지방 지수로 경고를 받은 후 100일간 조깅(안하던 운동을 매일)을 하고 나서도 원하던 체지방 지수를 얻지 못했다고 낙담하지는 말자. 계속 달리면서, 식단 조절의 도움도 추가하면 된다. 중간중간 체크하여 당신의 노력에 똑똑함을 추가하자. 당신의 노력을 무조건 지속하라는 것이 아니다. 점검과 분석을 통해 당신의 노력에도 변화를 주어야, 극적인 성장과 변화(결과)를 얻을 수 있다. 자기계발에 엄청난 에너지와 시간을 쏟아부어도 변화를 느끼지 못한다면, 노력의 방법에 리뉴얼이 필요하다.

지속을 위한 시스템

이것과 더불어 계속되는 지속성을 위한, 그 자체를 즐길 수 있는 시스템을 만들자. 당신이 해야 할 일들을 쉬우면서도 때론 어쩔 수 없이 매일 해나갈 수 있도록 하는 시스템으로. 이 시스템은 쉽고도 심플해야 한다. 그리고 재미도 있어야 한다. 즉, 당신이 (꿈을 이루기 위해) 해야 할 일들이 자연스럽게 유지될 수 있도록 당신의 삶을, 일상을 시스템화하는 것이다. 365일 가동되는 공장처럼 그렇게 살 필요는 없다. 단지, 당신이 정한 분기별 또는 몇 주 동안 목표를 이루기 위한 시스템을 가동시킬 여러 방법을 정해보자. 당신은 당신의 꿈을 이루는 기획자이며 실천가이므로. 이에 관한 자세한 팁들은 마지막 파트에서 함께 한다. 무릎을 딱 치며, '이렇게 해보면 되겠네. 쉽네. 해볼 만하겠어.' 하는 생각과 실천 의지가 절로 샘솟을 것이다. 당신만의 리워드 시스템(=나만의 보상 쿠폰, 파트 4 참고)을 만들 수도 있고, 당신만의 습관 트랙(=자연스럽게 행동으로 이어지는 시스템, 파트 4 참고)도 같이 활용해보자.

먼저 나를
신뢰하게
만들자

—

자신의 꿈에 대해 말해보자. 그냥 내뱉어 보는 거다. 그럴 때 이런 감정이 들 수 있다. '아, 난 정말 그 꿈을 이룰 거야. 이룰 수 있어' 아니면, '아, 정말 그럴 수 있다면 좋겠네…' 하고 말이다. 전자와 후자의 입장은 완전 다르다. 그들의 몇 년 후는 다를 수밖에 없다. 전자는 꿈을 이루었거나 만약 꿈을 이루지 못했어도 과정 중에 값진 경험과 성장을 이루었을 것이다. 후자는 그냥 그때처럼(도태라도 되지 않으면 다행이다) 그냥저냥 살고 있을 것이다. 동창을 오랜만에 만났을 때 "너, 정말 그대로다"라는 말이 난 참 싫다. 그런 말을 안 듣는 사람이 되고 싶다. 한결같이 돈독한 관계는 멋져 보여도, 한결같은 내 자신은 별로 매력이 없기 때문이다. 외모적으로 조금은 늙어도 (때론 주름과 흰머리가 서글프지만) 좋으니 멋지게 늙고 싶다. 그러려면 꿈을 향한 여정 속의 새로운 항해가 있는 익사이팅한 일상이 필요하다고 믿는다.

당신은 지금 원하는, 꿈꾸는 그 삶이 가능하다고 여기는가? 아니면, 그냥 한여름 밤의 꿈 같은가? 지금의 삶은 단 한 번뿐이다. 그래서 내가 원하는 것과 좋아하는 것들이 가득한 삶을 지금 살아야 한다고 믿기에, 원하는 삶을 꼭 누리겠다는 근성이 나오지 않나 싶다. 이 책에는 '지금'이라는 단어가 자주 나온다. 시도해볼 어떠한 것 앞에 미루거나 망설이는 당신에게 말하고 싶었다. 바로 '지금'이 당신이 그러한 것에 한 발짝 나아갈 때라고. 천성적으로 소심한 내게도 늘 하는 이 말. '한 번뿐인 내 삶 한번 멋지게 살아보자'를 당신도 한번 외쳐보자.

Yourself & Your Dreams

중요한 건 그것에 대한 믿음이다. 당신의 그 꿈의 목록들이 이루어지리라는 것. 자신과 꿈에 대한 인식, 생각의 틀인 프레임이 어느 쪽을 향하고 있는지 보자. 방법은 간단하다. 꿈을 생생히 떠올려 봤을 때, 그 꿈속의 멋진 인물은 바로 당신이 되어야만 한다. 그런데 그 상상의 거울에서 어색하기만 하고, 마치 남의 일 같다면 당신은 아직 믿지 못하는 것이다. 그 멋진 인물에 나의 얼굴을 붙여 보았을 때 씩 하고 웃는 미소가 나왔으면 한다. 그것이 믿음의 증거이기에.

나는 처음 토플 공부를 하는 8개월간 책상에 앉아있기만 했지, 내가 정말 미국 공립대를 다닐 수 있는 사람이라고는 믿지 못했다. 꿈은 내 것인데, 꿈속의 인물은 결코 내가 아닌 '가상의 엘리자베스'였던 셈이다. 그러므로 당연히 합격은 그림의 떡이었다. 이루고픈 꿈의 언저리에서 "좋을 텐데"만 외치는 뭐 그런 별로인 상황 말이다.

당신과 꿈의 관계 = 연인 관계

나는 '꿈'과 '내 자신'이 서로 어떠한 관계라 믿는다. 많은 관계들 중 연인 사이를 보면, 처음의 그 설렘들은 대부분 애석하게도 오래가지 못한다. 또한 당신이 그 연인과 만나는데 잔뜩 주눅만 들거나 같이 다니는 게 어색하다면, 둘은 진심으로 가까운 관계가 될 수 없다. 드라마 〈식샤를 합시다 2〉에서 가난한 프리랜서 작가, 백수지(서현진)가 우러러보던 부잣집 도련님 같은 멋진 5급 공무원 이상우(권율)와 데이트할 때 그랬다. 수지는 남자친구인 상우에게 자신의 힘듦을 말 못 하고, 늘 감추기만 하며 편안한 데이트를 하지 못한다. 그들은 결국 이별의 수순을 밟는다. 지금 당신 옆의 연인 (혹은 배우자) 또는 친한 친구와 편안한가? 불편한가? 잘 지내고 있는 관계라면, 편함이 우선이다. 그리고 그 편함의 밑바탕에는 그 사람에 대한 무한한 신뢰, 믿음이 깔려 있다. 꿈과 당신도 그처럼 신뢰감이 깔린 편한 관계가 되어야 한다. 그래서 자신이, 절대로 꿈을 이룬 주인공으로서 어색하지 않도록.

프레임 장착하기

꿈이 너무도 간절한데 '정말 할 수 있을까? 될 수 있을까?' 하는 의심을 지울 수 없다면 다음 2가지 팁을 전한다.

1) 첫째, 큰 꿈 말고 작은 꿈을 먼저 믿자. 그래서 결국, 그 꿈을 겟하고 나서 업그레이드된 꿈으로 스텝 바이 스텝이다.
   꿈을 이루는 데, 가장 중요한 것은 시도와 실행이다. 유수한 자기계발서들을 봐도, 실제 나의 경험을 미루어 보아도 그랬다. 하루하루의 실천이 시작이자 마무리다. 이번엔 당신의 최종 목표인 큰 꿈속의 모습 말고, 작은 꿈의 당신을 상상해보자. 그럼 좀 더 만만해진다. 꿈이 만만해야지 슬슬 용기도 생기고 끈기도 생긴다. 될 것 같아야 끝까지 매달리게 되는 법이니까('작은 꿈에 만족하라'는 뜻은 아니다). 예를 들어, 당신이 '10억을 모으는 것'이 목표라면, 일단 '1,000만 원 모으기' 또는 '1억 모으기'라는 작은 시작, 작은 성공부터 상상해보는 것이다. 10억보다는 1,000만 원(결코 작지 않으나)은 정말 내가 할 수 있을 것 같으니까. 이제 당신은 좀 더 리얼한 멋진 미래의 모습에 닿았다. 그렇다. 이제 그것을 믿고 실행해 가면 되는 것이다. 그리고 잊지 말자! 스텝 바이 스텝으로 나아감을!

2) 둘째, 당신의 매일에 충실하면 저절로 믿음이 생기고 커진다.

지나친 생각과 고민(이는 치밀한 계획이 아닌 쓸데없는 걱정일 뿐이다)은 당신의 꿈을 이루는 데 아무짝에도 쓸모가 없다. 일단, 당신이 실천해나갈 나만의 '투두리스트(To Do List)'를 만들고 이에 집중하자. 일단 당신의 꿈을 믿지 못하겠다면, (앞서 언급하여 우리가 이미 알고 있는) '꿈 쪼개기, 목표를 잘게 쪼개기'를 기반으로 실천해 나가자. 매일은 작은 목표를 이루어가는 산책 또는 언덕 오르기와도 같다. 그렇게 매일 해나가다 보면 어느 순간, 당신은 꿈꾸던 그곳(당신만의 정상)에 서서 지난날 올랐던 작고 구불한 길들을 돌아보며 흐뭇해하는 날이 올 것이다.

솔직히, 스스로 그곳을 향한 노력을 하고 있다면 그 노력의 크기가 크면 클수록 믿음의 크기는 절로 비례해진다. 결국엔 꿈을 이루는, 이룰 수 있는 자신을 100% 믿게 된다. 의심이 든다는 것은 본인이 그곳에 도달하는 데 부족할 거라는 느낌적인 느낌이다. 스스로에 대해 자신이 가장 잘 알고 있기 때문에 '평소 꿈을 이루기 위해 진심 어린 노력을 했었나? 그냥 폼만 잡고 슬슬 나태함과 편안함을 추구하지는 않았나?' 하는 합리적인 의심도 포함해서. 나의 경우도 유튜버와 작가로서의 길을 시작하는 과정에서 하고 싶은 많은 결과물이 있다. 신기하게 이루어졌던 것도 많고, 지지부진 끌고 있는 것들도 있다. 돌이켜 보면, 내 스스로 적극적인 실천이 부족했고, 확언을 쓰면서도 또는 말하면서도 스스로 "과연 내가 할 수 있을까?" 하는 마음도 한켠 있어서다. 그러다 하루 종일 촬영과 편집을 하거나 글을 신나게 써 갈 때는 그런 부정적인 생각조차 비집고 들어올 틈이 없어진다. 당신이 무언가를 향해 노력하고 있다면, 반드시 꿈을 이룰 자신에 대한 확신은 단단해질 수밖에 없다.

출판할 수 있었던 것도 내가 대단해서가 아니다. 매일의 목표였던 '2페이지 쓰기'를 할 수 없다면, 1줄이라도 쓰는 것을 실천해서다. 적어도 어제 쓴 글을 다시 읽어보고, 전부 지우게 되더라도 일단 쓴다. 단 1시간이라도 책상머리에 앉아 글쓰기에 몰입할 수 있는 순간들, 매일들, 몇 달들이 모여 원고의 페이지 수는 쌓여가고, 스스로에 대한 믿음이 눈덩이처럼 커져갔다. 무엇보다 노력의 여정이 쌓여가면 갈수록 발전해가는 자신의 모습과 더불어 생기는 결과물들을 보게 된다. 그래서 '기필코 나는 꼭 ~할 것이다'라는 각오가 더욱 견고해진다.

내가 다이어트를 한다고 치자. 목표는 -8kg다. 그런데 아무것도 하지 않고, 그냥 스트레스 해소용으로 이 밤에 치맥을 시켰더라면, 이 목표는 애초에 잘 가시오다. 삼겹살 대신 칼로리가 적은 구운 생선으로 오늘 저녁 메뉴를 정하는 그 한 끼부터 목표를 향한 액션플랜은 이미 시작되었다. 알맞은 식단과 운동을 실천해가면서 "할 수 있다"와 "꼭 이루겠어" 하는 마음이 더욱 강해질 것이다. 당신의 작은 실천이 있는 그러한 매일들이 당신의 꿈에 대한 믿음을 탄탄히 만들어준다. 결국엔 당신의 그러한 실천의 노력은 목표 달성이라는 어메이징한 선순환에 이르게 된다.

성취(Accomplishment) 공식: 3 퍼포먼스

꿈을 찾았다. 그리고 그 꿈을 이루기 위한 강력한 믿음을 가지고 실행한다. 실행 과정에서 행복함과 함께. 꿈을 누려보는 과정을 요약해보자면 이렇다. 즉, (3가지 퍼포먼스인) 꿈 + 실행 + 믿음 = 꿈 성취. 이는 당신의 소중한 그 꿈들을 이루게 해주는 가장 강력한 성취 공식이 될 것이다.

현명한
도구를
손에 쥐어라

―

　'꿈 + 실행 + 믿음 = 꿈의 성취'라는 최고의 공식을 얻었다. 그런데 시작하는 용기가 마법처럼 그냥 생기는 걸까? 나 또한 꿈만 간절했지, 손가락 하나 꿈쩍 안 해 본 적도 다반사다. 실행을 바로바로 하는 사람을 보면 신기할 따름이었다. 게으르고 겁 많던 나는 생각만으로 시간을 흘려보내며 당장의 즐거움을 먼저 생각하며 살았었다. 그런데 지금은 그렇지 않다. 조금은 느리더라도, 조금 더디더라도, 내가 원하는 방향으로의 매일을 살아가고 있다. 큰 목표에 비하면 미비한 오늘의 실천을 멈추지 않는 것! 그리고 때론 가끔 얻게 되는 나만의 달콤함과 보람도 겪으면서.

그래서 어떻게?

많은 사람이 뚜렷한 목적은 없지만, 좀 더 나은 사람이 되고 싶어 자기계발에 뛰어든다. 또는 자신의 간절한 꿈을 이루기 위해 자기계발을 하며 열심히 최선을 다해 노력한다. 그러나 맨 몸뚱이로 열정만 가지고, 나아가는 것에 있어 현명한 유지는 어렵다. 시작이 막상 망설여지는 경우, 무엇보다 그 시작점의 도화선이 필요하다. 그렇다면, 어떻게 시작할 수 있는 용기와 그 이후 꾸준한 실행을 유지할 수 있을까? 이 질문의 대답은 바로 '현명한 도구들을 활용하는 것'이다.

일상생활을 살펴보자. 운동을 할 때도 운동복부터 구비되어야 효과도 뛰어나다. 컴퓨터 작업을 하루 종일 하는 사람들에게는 편한 마우스, 구동력 좋은 노트북과 디스크를 방지할 사무용 의자가 필요하다. 올림픽에서도 선수들의 기록을 몇 초씩 단축시켜주는 전신 수영복 이야기를 뉴스에서 보고, 나는 적잖게 놀랐다. 뛰어난 실력도 중요하지만 장비발(물론 이게 다가 아니다)로 금은동이 결정될 수 있다는 게. 당신의 꿈이 이루어지는 순간, 알게 될 것이다. '아, 나 혼자 오롯이, 저절로 이루어진 게 아니구나. 나를 도와주는 무언가가 있었구나' 하고 말이다. 당신을 도와줄 누군가(사람)도 물론 중요하지만, 먼저 현명한 도구를 포섭

하자. 그것을 통해, 잘 시작하고 두잉(Doing)하며 바라는 그곳에 잘 안착해보자.

꿈을 원하는 당신을 도와줄 도구

여름마다 캐리비안베이에서 물놀이 까불이였던 나는 엄마가 되고 바다에서 아이가 튜브를 타고 노는 것을 보기만 하다가 돌아오곤 했다. 옷을 젖을까 봐, 바닷물이 차가울까 봐 등의 핑계를 댔었고, 가장 솔직히는 귀찮아서다. 그러다 어느 날, 바닷물에 몸을 풍덩 담가보니, 그렇게 재미있을 수가 없었다. 신나게 놀고 나서 그 이후 모래 털기나 샤워 등의 후처리들은 생각보다 별거 아니었다. 그만큼 좋았기 때문에.

일단 물놀이를 즐기고 싶다면, 수영복(또는 물놀이 복장)으로 갈아입고, 발부터 담가보자. 그리고 튜브(수영을 할 줄 알아도 재밌다)를 끼고 바닷물에 풍덩 빠져 신나게 놀아보는 거다. 처음 잠시만 수온에 몸이 서늘할 뿐 금세 괜찮아지고 재밌기만 하다. 눈이 많이 왔던 지난겨울, 너무 추워서 꼼짝도 하기 싫었지만 코로나로 인해 썰매장과 스키장 구경도 못 해보는 아들을 위해 썰매를 들고 무장을 하고 나갔다. 작은 비탈이 있는 이웃 아파트 놀이터에서 아이는 신나게 썰매를 탔다. 아들이 "엄마도 한번 타 봐. 진짜 재밌어." 이러는데, 사람도 없고 해서 덥석 타보았다. 그 이후로 몇 번이나 더 탔다. 이 추운데 굳이 나와서 노는 아이들의 심정이 이해되었다. 아들의 깔깔거리는 웃음소리도 너무 좋았다. 바이러스, 미세먼지와 추위가 두려워 집에서 꽁꽁 싸매고 있지 않기를 잘했다 싶었다.

도구를 발견하고 활용하면서 꿈을 이루어가는 과정은 위와 비슷한 감정선을 겪게 된다. 실제로 나도 그랬다. 당신의 꿈을 셋업해 줄 드림 맵이 있다. 그리고 이를 도와주는 기록 노트(파트 4)와 더불어 여러 드림 맵 만들기와 실질적인 활용법들(파트 3)이 당신의 액션플랜을 이끌어주고 점검해 줄 것이다. 그러니 우선 당신만의 드림 맵와 꿈의 기록을 만들어보자. 막상 이러한 도구들을 만들고 실천하는 게 귀찮게 느껴진다. 물놀이하기 전과 썰매를 타기 전에 느끼는 흔한 귀찮음처럼. 그러나 그냥 일단 해보자. 임신한 몸을 이끌고 영하의 날씨에 옆 아파트 놀이터까지 걸어가기는 매우 귀찮았으나, 아이에게 추억을 선물하고픈 간절함이 귀찮음을 앞섰다. 그 간절함은 원하는 꿈들을 이루고픈 당신의 그 마음과도 같다. 꿈으로 가는 여정에서, 드림 맵을 쥔 당신은 느끼게 될 것이다. 당신에게 찾아온 의미있는 행복함과 활기찬 일상을!

PART 02

쉬고 재미있는 성공법,
드림 맵

"인간은 스스로 원하는 만큼의
행복을 얻습니다."

– 에이브러햄 링컨

드림 맵은
쉽고
재미있다

—

　꿈은 '이 정도면 됐지'보다 '오~ 좋은데!' 하는 감탄사가 나올 정도로 멋진 것들이길 바란다. 큰 꿈을 꿀수록 인생은 담대해지는 법이니까. 그러나 그 과정은 되도록 실천하기 쉽고 재밌어야 한다. 그래야 끝까지 가볼 수 있는 법이다.

　드림 맵은 쉽다. 만드는 과정이 심플하고 재미있기 때문이다. (파트 3에 더 구체적인 준비물, 순서, 활용 팁들이 있다) 그 과정을 살짝 엿보면 첫 단계로, 평소 꿈꾸어 왔던 것들에 관한 이미지들을 찾는 것이다. 예를 들어, 주어진 삶에서 꼭 이루고픈 업적, 지금 간절히 성취하고픈 일들, 바라는 이상적인 인간관계, 자유롭고 싶은 재정상황, 건강한 체력 또는 단순히 갖고 싶은 물건들이 있다. 다음은, 찾은 이미지들을 분야별(예: 건강, 자기계발, 사업, 학업이나 재정 등)로 분류한다. 모은 이미지 중에서 가장 원하는 최정예 요원들만 남긴다. 마지막으로 자신이 준비해둔 배경(스케치북, 보드나 컴퓨터 바탕화면 등)에 배열하면 끝이다. 기본적인 단계는 그리 많은 시간과 노력이 들지 않는다. 이렇게 완성 가능한 드림 맵은 아이들도 할 수 있다. 쉽다는 것! 이것은 얕은꾀가 아닌 유용한 지혜가 되어 줄 것이다.

왜 드림 맵을 해보지 않았을까?

많은 이가 평생에 한 번씩은 시도해보는 다이어트는 식단체크와 철저한 운동법 매일 실천하기, 심지어 마시는 물의 양과 수면 시간까지 관리해야 하는 매우 복합적인 장치다. 드림 맵은 매우 심플한 원초적인 단계들로 이루어져 있으므로, 다이어트보다 쉽다. 그래도 드림 맵을 해 본 사람은 드물다. 요즘 잘나가는 자기계발 트렌드 중 하나인 '아침 일찍 일어나는 것'보다 훨씬 더 쉬운데도 말이다. 돈도 거의 들지 않고 (또는 매우 저렴하게) 해볼 수 있는 기특한 드림 맵을 해보지 않는 이유는 2가지다.

첫째, 그 효과가 얼마큼인지 실감하지 못해서다. '너는 ~니까 됐겠지, 나는 ~해서 안 될 걸 아마.' 하며 해보기도 전 의심만 가득하다. 나뿐만 아닌, 많은 전문가와 성공한 유명인들이 경험(그들의 스토리는 파트 2의 중반부에 있다)하고 추천하고 있다. 검증이 된 자기계발의 팁들을 대할 때만큼은 시니컬함보다 무조건 믿고 한번 실천해보는 거다. 어떠한 변화를 누리고 싶다면 말이다. 해보아도 전혀 손해 없을 드림 맵 효과를 한번 믿어보자.

둘째, 귀찮아서다. 만드는 데 들어갈 노동이 번거롭다. 맵을 만들려면 이미지를 일일이 찾고, 자르고, 배열하는 노동이 필요하다. 컴퓨터로 작업을 하더라도 그렇다. 요즘은 청소도 로봇이, 빨래는 세탁기와 건조기가, 설거지는 식기세척기가 해준다. 정기 배송으로 스케줄을 맞춰두면 생필품인 휴지와 쌀이 알아서 집 앞으로 가져다주는 세상 속에 살고 있다. 자신에게 매우 유익한 것일지라도, 일단 손발을 써야 하는 노동의 시작부터가 망설여질 것이다. 생계와 직결되지 않는다면, 좋아죽겠는 취미가 아니라면 하기 싫은 법이니까. 그래도 때론 편안한 게으름을 맘껏 누림에서 벗어나서 신성한 노동이 될 드림 맵 작업을 해보자.

처음 드림 맵을 만났을 때의 나는 통장 잔고 500만 원이 전부였다. 나만의 드림카는커녕, 친구들의 청첩장 받기에만 바빴다. 서른을 목전에 둔 스물아홉의 크리스마스라면, 통장에 최소 몇

천만 원과 스스로 떳떳한 명함 한 장은 지닌 커리어 우먼으로 친구들과 호텔에서 파티쯤은 즐길 수 있을 줄 알았다. 그러나 현실의 나는 찌질했다. 방 안에 틀어박혀 불확실한 미래에 대한 걱정만 끌어안고 있는 취준생일 뿐이었다.

그때의 나는 '시간도 많은데, 이거라도 해보자. 누구는 이걸로 인생이 달라졌다며…' 지푸라기라도 잡고 싶은 심정으로 드림 맵을 해보았다. 잡지 중 끌리는 화보들을 맘껏 북북 찢었다. 종이를 찢는 순간, 몇 년 묵은 체증이 내려가는 듯한 힐링 타임이었다. 원하는 것을 찾아가는 과정은 신비롭고 즐거웠다. 내가 꿈꾸던 것들에 몸과 마음을 100% 집중할 수 있는 순간이었기 때문이었으리라. 반나절도 채 걸리지 않았다. 나만의 첫 드림 맵은, 쓸데없는 불안감과 모자란 자격지심으로 꾸깃꾸깃했던 내 꿈들을 다시 빳빳이 다려주었다.

드림 맵은 나만을 위한 유쾌하고 긍정적인 액션이다. 제작 단 몇 시간 만에 새로운 희망들이 샘솟기 시작했고, 도전 앞의 동반자인 두려움을 물리칠 용기도 생겼다. 드림 맵을 만들려면, 원하는 꿈들이 깃든 이미지들(사진 또는 그림)을 반드시 찾아야 한다. 굶주린 채 먹이를 찾는 본능을 지닌 순수한 영혼이 되어, 꿈꾸는 인생의 단면들을 떠올리며 찾게 된다. 그러면서 자연스레 내 머리와 마음속에 원하는 인생들의 순간들로 가득 찬다. 그래서 만드는 과정 자체에서 행복해질 수밖에 없다.

간절히 가고 싶었던 하와이 카일루아 해변이나 스페인 마요르카의 사진을 볼 때의 마음은 어떨까? 간절히 타고팠던 드림 카나 대저택의 딱 내 스타일인 고급 인테리어 사진들을 접할 때의 마음은? 미국 유학을 앞두고, 걱정과 동시에 학업을 무사히 마치겠다는 다짐을 위해 나는 두 번째 (귀국이사 때 실수로 붙여두고 왔다, 이런) 드림 맵을 만들었다. 자신 있게 발표하는 모습, 대학 도서관 책상에 앉아서 학업에 집중하고 있는 모습 그리고 졸업 가운을 입은 모습의 사진들을 붙였다. 당신의 열정이 샘솟게 하는 상황들의 사진들만 봐도 묘한 뜨거움이 올라올 것이다.

베스트셀러 작가를 꿈꾸고 있다면, 유명한 작가들의 사진이나 그들이 남긴 친필 명언이나 사인만 봐도 설렌다. 야구선수를 꿈꾸는 어린 초등학생이 추신수 선수의 사진을 자신의 방에 붙여놓는다면, 그처럼 실력 있는 선수가 꼭 되고픈 열정도 커진다. 각자가 꿈꾸는 멘토의 얼굴이나 관련 사진들을 보며 나아감에 작은 아니, 엄청난 기적이 일어나기 마련이다. 현실이라는 이름의 울타리에 가둬 두었던 소중한 꿈들이 꿈틀거리면서 피어난다.

재미있는 과정은 중요하다. 공부에 탁월한 재능은 없었으나, 수학과 물리만큼은 평생 좋아하고 잘해왔는데, 시험 성적 결과보다 공부하는 과정이 내게는 재밌어서였다. 즐길 수 있음은 어쩔 수 없이 좋은 과정과 더불어 좋은 결과도 불러온다. 내가 좋아서 직접 고른 이미지로 이루어진 드림 맵은 기쁜 에너지 가득한 잔치로, 긍정적이면서 기분 좋음을 선사하는 좋은 친구다. 원하는 인생의 단면들과 함께하는 유쾌한 작업이 끝난 후에도 말이다.

당신의 눈에
보이는 것과
내가 보는 것은
다르다

—

드림 맵은 시각화의 장점을 극대화한 도구다. 그러나 시각화란 무엇이며, 대체 이게 왜 효과적인지 궁금해진다. 우선, 시각화(Visualization)란, 정보를 시각적인 요소들, 즉 이미지, 동영상, 사진 등으로 담아내는 것이다. 시각화는 거창한 것이 아니다. 우리 일상에서도 매일 활용하고 있다. 카톡창에 감정을 표현할 때 흔히들, 글자 대신 이모티콘으로 대체하는 것도 시각화다. 코로나로 인해 등교 대신 집에서 온라인 학습을 하던 초등학생 아들은 학교에서 지정한 유튜브 1편 보기 숙제가 있었다. 영상에서는 귀여운 아이들이 손을 씻어야 하는 이유와 방법을 만화로 설명하고 있었다. 아들은 평소 손을 잘 씻어야 한다는 말을 흘려듣곤 했는데, 이 영상을 본 이후 손을 비누로 30초 이상 꼼꼼히 잘 씻기 시작했다. 아이들에게 '바이러스 전파를 막기 위해 손을 잘 씻어야 한다'는 메시지를 말과 글로 전달하기보다, 애니메이션이나 동영상으로 보여주는 것도 시각화다.

시각화에 대한 좀 더 과학적인 증거들을 살펴보자. 실험과 여러 분야의 이론들에서 당신이 보는 세상이 내가 보는 세상과 다를 수 있다는 것과 그러므로 그 세상을 당신이 원하는 세상으로 만들려면 어떻게 해야 할까 하는 여러분만의 씽킹(Thinking)이 이루어지길 바란다. 이 첫 번째 이야기는 시각화와 연관된 뇌의 판단의 본질에 관함이다.

월리를 찾아라 필터 네트워크

뉴욕타임즈 베스트셀러 1위 〈정리하는 뇌〉의 저자는 인지심리학자이자 신경과학자인 대니얼 J. 레비틴이다. 그는 인간의 뇌의 본질에 관한 흥미로운 사실들을 제시하고 있다. 유명한 퍼즐 책 〈월리를 찾아라〉는 수많은 군중이 있는 다양한 그림 속의 빨간 옷을 입은 월리를 찾아내기를 유도한다. 여기서 그 책의 독자는 찾고 있는 목표물을 찾고자 하는 의지가 발동해 그것과 연관된 것에만 집중할 수 있게 하는 '필터 네트워크'가 작동하게 된다. 찾고 있는 물체에 대한 심상을 마음속에 떠올리면 그 이미지와 연관된 것들에 예민한 시각 피질의 뉴런들이 작용된다. 빨간색의 물체를 찾을 때는 빨간색에 민감한 시각의 뉴런들이 일을 한다. 동시에 다른 색에 민감한 뉴런들의 활동이 억눌러진다. 이러한 작동 원리로 원하는 탐색이 가능해진다. 찾아야 할 것에 집중하면 정말 그것이 가장 눈에 쏙쏙 들어오는, 우리의 사소한 경험들이 이를 증명해준다. 놀이공원에서 수많은 인파 속에서도 내 자식만, 내 친구를 쉽게 찾을 수 있다. 개미만 한 사람들 가득한 단체 사진 속에서 가족 또는 친한 친구가 가장 먼저 보였던 적이 누구에게나 한 번쯤은 있었을 것이다.

미국 유학시절, 교육심리학 과목 중 '학습 이론'이라는 대학원 수업을 수강한 적이 있다. 이 수업에서 고전부터 첨단 수업까지 아우르는 여러 교육 이론을 배울 수 있었는데, 어느 날 교수님이 보여주셨던 영상 하나가 아직도 생생하다. 검은색과 흰색 티셔츠를 입은 여성들이 서서 이리저리 서로 교차하면서 농구공을 패스하고 있다. 교수님이 "흰옷을 입은 여성이 공을 패스한 횟수를 한번 체크해보겠니?" 하셔서, 눈을 부릅뜨고 부지런히 눈을 좌우로 굴리며 패스 개수를 셌다. 각자 다양한 숫자들이 튀어나

왔다. 그때 교수님이 빙그레 웃으시면서 정답을 말해준 뒤, 새로운 질문을 하셨다.

"너희 혹시 고릴라 봤니?"

나 포함 반 친구들 모두 어안이 벙벙해졌고, 영상을 다시 돌려 보니, 고릴라(로 분장한 자)가 떡하니 한가운데를 지나갔다. 그것도 가슴까지 두드리면서 말이다. 충격적이었다. 그렇게 화면을 뚫어져라 봤는데, 그 덩치 큰 고릴라가 보이질 않았다니… 게다가 중간에 배경 전체 커튼 색도 바뀌었었다. 그러나 그것 또한 아무도 발견하지 못했다. 이러한 현상을 인지심리학에서 '무주의 맹시 또는 부주의맹(Inattentional Blindness)'이라 부른다. 그 수업을 통해, 우리는 얼마나 많은 것들을 놓치고 살고 있을까 하는 생각이 드는 반면, 무언가에 몰입하면 그 외의 것은 보이지도 않는 우리의 뇌가 가진 시각의 특징과 착각에 대해 깨닫게 되었다. 깊은 생각에 잠겨있을 때, TV 화면에 어떠한 내용이 나오는지조차 몰랐던 적이 몇 번 있다. 누구나 경험해 보았을 것이다. 이렇게 우리는 우리가 집중하고 있는 것만 보인다.

속된 말이지만 '뭐 눈에는 뭐만 보인다'라는 말이 있다. 20대 후반에 명품백에 꽂혔던 내가 길거리의 명품백 맨 여성들만 보였던 적이 있다. 당신이 집중하는 것, 즉 마음에 품고 있는 이미지와 비슷한 것들만 유독 눈에 띈다. '차를 한 대 뽑아야지' 했을 때도 많은 차들 중 내가 갖고 싶은 차만 보이는 것처럼. 나는 요즘 '베스트셀러 작가, 스테디셀러'라는 단어가 유독 눈에 띈다. 학원 강사로 일할 때는 베스트셀러에 관심도 없었고, 수학 교재 코너만 보였다. 그러나 지금은 대형서점에서 빨간 글씨로 'BEST SELLER'라고 쓰인 글자가 가장 먼저 보이고 가슴이 설렌다.

뇌는 집중하는 것이 더욱 잘 보일 뿐만 아니라, 믿고 있는 것들의 데이터만 수집하는 경향도 있다. 인간의 뇌와 마음이 이렇다면, 이를 알게 된 우리는 어떻게 해야 할까? 당신의 뇌를 당신이 원하는 것들로 가득 채워보는 거다. 더불어 세상은 꽤 살 만하다는 긍정적인 생각들과 아름다운 가치들로. 그리고 믿어보자. 당신의 뇌와 마음이 그렇게 멋진 방향으로 스위치가 켜진다면, 당신의 세상은 당신의 꿈으로 충만하게 될 것이다. 그렇다면 당신의 에너지를 쓸데없는 곳으로 흐트러지는 게 급감하고, 당신을 목적지로 데려다주는 꽤 쓸 만한 자원들도 자연스레 따라오게 된다.

999번
쓰는 것보다
단 한 번의
그림 효과

—

시각화에 대한 두 번째 이론 이야기는 인지와 기억에 시각화가 얼마나 많이 관여하고 있는지를 보여준다. '그림 우월성 효과(Picture Superiority Effect)'를 보여주는 재미있는 연구 결과가 있다. 언어로만 전달된 정보는 72시간, 즉 3일만 지나면 10%만 기억되는 반면에, 언어 + 그림(pictures or images)이 추가된 정보는 언어 정보의 기억력보다 6.5배나 향상된, 65%나 기억된다. 사람들은 시각적인 정보를 다른 형태의 정보보다 쉽게 인지하고 오랫동안 기억한다. 교통 표지판만 보아도, 글씨 대신 강렬한 시각적 형태의 이미지와 색깔만으로 전달이 빨리 되는 것과 같다.

그림 효과로 더 잘 배울 수 있다면

색의 명칭이나 동물의 표현을 영어로 배울 때, 단어와 연관된 이미지와 같이 배우면 더 학습효과가 높다. 4살 아이가 '고래'의 영어단어 'Whale'을 처음으로 배우는 날이다. 고래 그림 밑에 'Whale'이라고 쓰여있다. 그것을 접하면서, 언어 능력을 담당하는 뇌의 좌반구와 시각 능력과 이미지 연상을 담당하는 우반구에서 자극이 동시에 일어난다. 그냥 'Whale'을 읽으면서 한 가지의 자극을 받는 것보다 고래가 그려진 그림이나 사진과 같이 배우는 것이 훨씬 습득이 빠른 이유다. 그래서 만약 집에서 아이들 영어를 가르친다면, 효과적인 학습을 위해 그림이 있는 영어사전 또는 동화책이 좋다. 미드나 영화로 영어회화 공부가 잘 되는 이유도 그렇다. 영상으로 전해지는 주인공의 상황과 표정 등으로 대략 짐작할 수 있기 때문이다. 그래서 (정확히 번역할 수 없어도) 어떠한 때, 어떠한 표현을 쓰는지에 대한 이해와 인지가 더 잘 된다.

또 하나의 아주 쉬운 예를 들겠다. 초등학교 3학년 때, 평면도형 단원에서 직각삼각형, 직사각형과 정사각형을 처음 배우게 된다. 이 책을 읽는 당신은 위에 언급한 도형들을 읽으면서 '한 각이 직각인 삼각형', '네 각이 모두 직각인 사각형' 또는 '네 각이 직각이고 네 변의 길이가 모두 같은 사각형'이라는 정의가 먼저 당신의 입속에 되뇌어졌는가? 아닐 것이다. 당신의 머릿속에 직각삼각형, 직사각형, 정사각형의 그림이 먼저 떠올랐을 것이다. 연상되는 속도는 말보다 그림이 더 빠르다. 도형의 종류에 대해서 말로 설명된 도형의 정의로 기억될 확률보다, 이미지로 인지되고 기억되었을 확률이 높다. 개념을 이해하는 데에 말 또는 글로만 된 설명보다 그림 또는 사진으로 이해했을 때 훨씬 더 빠르고 정확하다는 것을 보여준다.

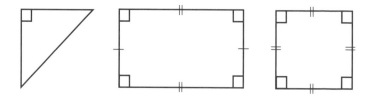

   광고에서도 '그림 우월성 효과'가 이용된다. 한 마케팅 연구 조사에서도 광고에서 그림 요소는 사람들의 언어보다도 이목을 집중시키며, 광고에 제시된 내용에 대한 기대감이 생긴다고 밝혔다. 즉 이미지를 이용한 광고는 글로만 된 광고보다 더욱더 강력한 효과를 지닌다. 실제로 전광판이나 TV 광고의 강렬했던 이미지와 그 브랜드가 라디오에서 실제로 수십 번 들었던 브랜드 광고들보다 더 기억에 남는다.

난 아직도 감기약 하면 '판피린 에프'가 가장 먼저 떠오른다. 유치원 때 안방 TV에서 하얀 두건을 쓰고, "감기 조심하세요" 외치던 가분수의 강렬한 캐릭터를 본 기억이 생생하다. 연예인 혜리님이 그 캐릭터와 똑같은 복장을 하고 찍은 광고를 다시 제작할 정도로, 그 캐릭터는 그 회사의 대표적 이미지가 되었다. 대부분의 기업이 상징적인 로고나 캐릭터를 심혈을 기울여 만드는 이유다. 나이키 하면, 영어 스펠보다 로고가 가장 먼저 떠오른다. 한 기업의 상징이 되는 로고는 시각화를 이용한 브랜딩이라 볼 수 있다.

Texas A&M에서 교육학을 공부하던 2년간, 프리젠테이션을 무수히 했었다. 처음에는 중요한 내용을 전달하기 위해서나 영어 발음에만 온 신경이 곤두서 있었다. 완벽히 준비해 갔음에도 동기들이 지루해하는 것을 느꼈다. 하지만 학기가 지날수록 친구들과 교수님의 반응이 좋아졌다. 프리젠테이션을 구성하는 기획에 변화를 준 덕분이었다. 파워포인트에 긴 글을 나열하는 대신, 간단한 제목과 포인트만 적었다. 그리고 그 옆에 연관된 사진들을 삽입하거나 짤막한 영상들을 중간에 넣어 이목을 집중시켰다. 사진 속의 주인공에 내 얼굴 사진을 넣어 보는 이들에게 웃음을 선사하기도 했다. 이미지는 글보다 뛰어난 전달력을 갖고 있다. 만약 강의나 발표를 준비한다면, 내용 가득한 화면보다 간략한 활자와 더불어 꼭 사진이나 영상을 첨부하기를 추천한다. TED 강의를 봐도, 명사들은 굳이 글을 화면에 띄우지 않는다. 강의와 연관된 강렬한 이미지 한 장으로 대체하곤 한다.

이미지가 인간에게 쉽게 인지되고 기억에 오래 남는다면, 이를 유용한 도구로 써보자. 우리는 때론 어떤 이미지들에 사로잡히곤 한다. '사로잡혔다'는 것은 우리의 마음을 빼앗겼다는 뜻이다. 그러면서 그것에 온 신경이 쓰이며, 뇌에 남은 강렬한 이미지의 인식이 마음을 움직인다. 마음을 움직이면, 결국엔 우리의 생각과 행동에도 막대한 영향을 끼친다. 이렇게 그림이 인간의 뇌에 언어보다 더 많은 자극을 주며, 인지에서 행동까지 이르게 한다. 이제는 남들이 의도한 이미지에 이용당하며, 그들이 이끄는 삶에서 벗어나자. 스스로 선택한 이미지들을 이용하여 진정 원하는 삶을 이루어 보자. 우리는 모두 각자가 인생의 주인공으로 살아갈 권리가 있다. 이 또한 우리에게 주어진 감사한 삶에 대한 예의이지 않을까?

상상만으로
당신의 실력은
월등히
좋아진다

———

　시각화에 대한 그 세 번째 이론 이야기는 뇌의 착각을 이용한 시각화 훈련이다. 상상만으로 자신을 트레이닝할 수 있다면 어떨까? 상상만으로 운동 능력을 향상시켰던 스포츠 세계를 살펴보자. 호주의 심리학자 알렌 리차드슨은 시각화에 관한 흥미로운 실험을 한다. 그는 참가자들을 세 그룹으로 나누어, 슈팅 향상 전후를 체크했다.

　첫 번째 그룹은 20일간 매일 자유투를 연습을 했다. 두 번째 그룹은 1일과 20일째 날 이 두 날만 자유투 연습을 했다. 세 번째 그룹은 두 번째 그룹과 마찬가지로 이틀만 연습했지만, 매일

20분 동안 자유투를 상상으로만 연습했다. 첫 번째 그룹의 향상률은 25%, 두 번째 그룹은 향상률이 0%이었고, 놀랍게도 세 번째 그룹은 24%의 실력 향상률을 보여주었다. 첫 번째 그룹과 세 번째 그룹은 단 1%라는 미미한 차이뿐이었다. 매일 20일을 연습한 사람들과 단 2일만 연습하고 18일간 공을 던지는 상상만 했던 사람들의 실력 차이가 말이다. 매일 몸을 열심히 움직여 얻은 근육들의 기억으로 운동 능력을 향상시켜야만 한다는 상식을 뒤엎은 실험 결과였다.

이미지 트레이닝 효과

1992년 프랑스 알레르빌 동계올림픽에서 쇼트트랙의 김기훈 선수는 1000m에서 우승했다. 동계올림픽에 출전한 지 44년 만에 대한민국 최초로 금메달을 안겨주어 전 국민이 들썩들썩했었다. 당시 캐나다의 블랙번이라는 강력한 우승 후보는 김기훈 선수와 연령도 비슷했고 많은 대회에서 만나 서로를 잘 알고 있기에 긴장감이 매우 컸다고 한다. 그러나 김기훈 선수는 걱정에 눌리지 않고, 경기 전날 실제 경기의 무수한 경우의 수들을 시각화하는 이미지 트레이닝을 했다. 놀랍게도 실제 경기에서 그의 이미지 트레이닝과 같은 결과가 나왔다. 자신이 레이스를 선두한데다 1분 30초 76이라는 세계신기록까지 세우며 우승했다. 또한 김기훈 선수는 5000m 릴레이 단체전에서도 마지막 주자로서 0.04초 차이로 2번째 금메달을 얻는 쾌거를 남겼다.

실제 많은 운동선수가 이미지 트레이닝으로 자신의 연습량에 더해 좋은 경기 결과를 얻는다. 이러한 효과는 운동선수가 아닌 일반인도 얻을 수 있다. 오하이오 클리블랜드클리닉 재단 소속의 운동 심리학자 광예(Guang Ye) 박사는 피트니스 클럽을 다닌 사람들과 상상만으로 근력 운동을 한 사람들의 근력을 분석했다. 실제로 운동을 했던 사람들은 30%의 근력이 향상되었고, 가상으로만 운동을 했던 사람들은 13.5%의 근력이 향상되었다. 실제로 운동을 한 사람들보다 상상으로 운동을 했던 사람들의 근력은 낮았으나, 이미지 트레이닝만으로 근력이 10%나 넘게 증가했다.

어떠한 이미지를 자주 떠올리느냐에 따라 생사가 갈리기도 한다. 캘리포니아 대학의 필립스(David phillips)는 중국의 추석 전후로 노인들의 사망률을 조사했다. 추석 전주의 사망률은 35% 감소한 반면에, 다음 주의 사망률은 37% 증가했다. 명절 전에는 곧 만날 가족들을 떠올리다 보니 노인들의 의욕과 에너지가 샘솟은 반면, 명절이 지나 가족들이 떠난 후 밀려오는 무기력감 때문이었다.

나도 5살 때 목욕탕 냉탕에서 혼자 한참을 나오지 못한 기억이 떠오른다. 이 경험이 트라우마로 남았던 나는 초등학교 때 생존수영을 1년이나 배웠지만 수영에 아직도 미숙하다. 수영을 배울 때 '단 1분이라도 내가 물개처럼 수영을 하는 상상을 해보았으면 좋았을 걸.' 하는 아쉬움이 든다. 나는 대학원 입학을 준비할 때, 주위의 만류와 더불어 형편없는 영어 점수 실력에 두려움이 덮쳐 우울할 때가 자주 있었다. 그럴 때마다 합격한 나를 대견해하고 기뻐하는 가족과 친구들의 표정을 상상했다. 그 생생한 느낌을 갖는 훈련을 스스로 몇백 번은 더 한 것 같다.

이미지 트레이닝은 실제로 실력 향상과 더불어 두려움을 이겨내는 데도 큰 도움이 된다. 두려웠던 기억이나 걱정거리가 있다면, 이를 자꾸 상기시키거나 지우려고 애쓰는 대신 이를 극복하는 자신의 모습을 이미지 트레이닝 해보면 어떨까? 일상에서도, 중요한 일을 앞둘 때도 말이다. 즐거운 나의 표정과 완벽한 스케줄 대로 흘러가는 하루의 모습을 상상하며 아침을 맞이해보자. 시험 준비를 할 때도, 받고 싶은 점수를 사진 영상처럼 떠올려보자. 취업면접을 볼 때도, 면접관이 나를 향해 만족스러워하는 표정을 상상하자. 이 책의 초고를 쓸 무렵, 나는 노산의 임산부로 갑상선 수치 이상, 소염증(전신 피부병)으로 종합병원을 들락날락거렸고, 배가 자주 딱딱해져서 주치의 선생님으로부터 걷는 것조차 무리하지 말라는 주의를 들었다. 신체 조건상 유도분만을 해야만 했기에 걱정과 두려움이 앞섰다. 매일 아침 건강하고, 순탄한 과정으로 예쁜 아기를 만나는 상상을 했다.

당신의 내면에는 어떠한 이미지로 가득 차 있는가? 주로 떠올리며 담고 있는 이미지들이 긍정적이고 기쁨이 넘치는 것이라면, 당신의 얼굴 표정, 심지어 건강과 수명 또한 당신의 삶 전체가 그렇게(이미 그러하거나) 바뀔 것이다. 당신과 함께하는 이미지들은 당신 앞에 펼쳐질 청사진(靑寫眞)이다. 현재 자신이 품고 있는 상상들이 무엇인지에 대한 알아차림도 중요하다. 당신의 지금과 앞으로에 대한 객관적인 추측이 가능하기 때문이다. 이를 통해, 당신이 원하는 인생이 가득한 이미지들을 최대한 생생하게 설계하여 프로그래밍 해보자. 물론, 상상의 힘만으로 꿈이 무조건 이루어지는 것은 아니라는 것쯤은 알고 있다. 확실한 건, 꿈을 향한 긍정적인 이미지화는 당신의 행보가 원하는 쪽으로 전진하게 하는 힘을 실어준다는 거다. 시각화의 탁월한 효과를 맘껏 이용하여, 같은 노력으로 더 나은 결과를 성취해보는 효율적인 행복을 누리자.

나약한 인간에게
헬퍼는
반드시
필요하다

강인함과 나약함의 차이는 무엇일까? 악랄한 히틀러의 학살에도 살아남아 성공을 이루는 유대인들, 한국의 역사를 보아도 끝까지 이 작은 나라를 지켜왔던 우리의 조상들, 몇몇 등반가들은 며칠을 굶으며 악조건하의 죽음의 위기에서도 끝까지 포기하지 않고 에베레스트 산을 등반하고 지금으로부터 무려 반세기 전인 1969년에는 숨도 쉴 수 없는 우주의 달에 깃발을 꽂기도 했다. 인간이 이렇게 강인하고 위대함을 역사가 보여주고 있으나, 사실 인간은 나약한 쪽에 가깝다.

바쁜 와중에도 멀티는 힘들며, 무엇보다 계획과 실천이 일치

함도 드물다. 그래서 '작심삼일'은 누구나 공감하고 반드시 한 번쯤은 겪어 보았다. 왜 나의 새해 계획은 늘 물거품이 되는가 하는 자책도 해마다 든다. 때론, 사소한 한 가지조차 금세 잊어 버린다. 2분 전까지 무언가 검색하려고 핸드폰을 켰으나, 알고 리즘의 늪에 빠져 어느새 의도와 상관없는 유튜브 동영상이나 블로그 글 속에 있는 자신을 발견하게 된다. 그러므로 나약한 우리는 하나의 종교쯤은 가져야 한다는 것도, 정신과 상담을 가끔 받아야 한다는 것도, 365일 새벽 5시의 미라클 모닝을 반드시 실천해야 한다는 것도, 자기계발 프로그램 캠프에 참여해야 한다는 것(때론 그것들이 필요할 때도 있겠으나)은 아니다.

인간은 원래 나약하기에, 애써 세운 당신의 계획이 뜻대로 되지 않음에 스스로를 자책할 필요도 부끄러워할 필요도 없다는 말을 하고 싶다. 반면 원대한 꿈을 이룬 자들은 천재적으로 능력이 뛰어나거나 아주 독해서 자신의 목적을 달성할 수 있었던 것일까? 아니다. 그럼 대체 무엇일까? 여러 가지 요소들이 있었겠지만, 가장 원초적인 요소에 대해 이야기하고자 한다. 나약함에도 불구하고 어떠한 원대함을 이룬 자의 이야기를 통해서 말이다.

삶의 기회를 상상만으로 얻을 수 있을까?

　빅터 프랭클은 아우슈비츠 유대인 강제 수용소에서 나와 회고록인 〈죽음의 수용소에서〉라는 책을 썼다. 그는 희망을 잃은 많은 사람을 위해 이 책을 썼으나, 슬픈 역사가 베스트셀러가 됐다는 사실을 아이러니하게 여겼다. 프랭클은 신발이 찢어지고 발에 종기가 생겨 심한 통증으로 절뚝거리며 극심한 추위 속에서 몇 킬로미터나 됐던 작업장을 걸어가야만 했다. '오늘 나올 식사나 작업반의 상황은 어떨까?' 하는 잡념들에 잠기다, 그런 자신이 싫어 다른 곳으로 자신의 신경을 쏟기로 한다. 따뜻하고 환한 강의실에 서 있고, 강단의 편안한 의자에 앉아있는 청중들 앞에서 '수용소에서의 심리'에 관한 강의를 하고 있는 자신을 떠올렸다. 이러한 상상의 순간들을 통해, 자신이 처한 비참한 상황에서의 고통을 극복할 수 있었다.

　빅터 프랭클이 있던 수용소에서 자살을 시도하다 미수로 그친 2명의 수감자가 있었다. 과학자였던 한 명은 책을 쓰다 만 미완성 상태였고, 다른 한 명은 자신의 아이가 타국에 있었다. 완성하지 못한 일 또는 사랑하는 가족에 대한 책임감이 살아야 할 이유가 되었고, 어려움을 극복하는 선택을 할 수 있었다. 이렇듯 미래에 대한 희망이 죽음 앞에서도 삶의 의지를 만들어낸다. 그러나 막상 자유를 찾은 수감자들은 마냥 기쁘지만은 않았다. 가족들을 만나 포옹하고 이야기를 나누는 꿈을 수도 없이 꿔왔지만, 자유를 찾아도 그렇게 할 수 없었던 허망한 현실 속에 있었기 때문이다. 그럼에도 자유로운 몸으로 들판의 시골길을 걸으면서 하늘을 향해 감사함을 외쳤다. 그리고 꿈꿨던 현실과의 상이함에 또 다른 절망에 빠지기보다, 스스로 새 삶이 시작됐다고 여겼다. 빅터 프랭클이 위대했던 이유는 (후에 로고테라피의 창시자로서, 새로운 사상과 치료법을 제시했지만) 혹독한 수감 생활에서 그가 했던 선택들에 있었다. 인간의 존엄성 따윈 없었고 참담한 죽음만 있었던 수용소 안에서도 포기 대신 희망을 택했다.

그곳에서는 죽음의 공포에 휩싸이기보다 희망의 끈을 놓지 않은 사람만이 살아날 수 있었다. 우리의 삶도 그렇다. 끝까지 포기하지 않음이, 결국엔 꿈을 이루는 길이다. 나약한 인간이었던 그들이 위대한 용기를 택할 수 있었던 시크릿은 바로 '미래에 대한 기대'였다.

원하는 미래를 성취하기 위해서는 그 미래에 대한 기대를 늘 품을 수 있게 하는 헬퍼가 필요하다. 드라마 〈김 비서가 왜 그럴까〉를 보면, 자기애 가득한 부회장 이영준(배우 박서준)과 든든한 그의 서포터 김 비서(배우 박민영)가 나온다. 김 비서는 하루 종일 부회장의 스케줄뿐만 아니라, 여러 상황에서 처리해야 할 주요

안건들을 딱딱 짚어준다. 잘생긴 부회장도 능력이 뛰어나지만, 똑똑한 김 비서가 있었기에 업무 성과의 시너지가 훨씬 컸다. 그러한 비서는 기업체의 대표에게만 필요한 것이 아니다. 우리에게도 필요하다. 각자의 인생에서 자기 자신이 인생의 CEO이기 때문이다.

바로 당신만을 위한 김 비서 역할을 가성비 짱짱한 드림 맵이 해줄 것이다. 당신의 드림 맵은 전형적이고 지루한 삶의 모습보다 원하는 삶으로 콕 찝어 갈 수 있게 도와주는 당신만의 헬퍼다.

다이어트는 못 해도, 드림 맵은 누구나 한다

2년 전, 개인 PT를 처음으로 받았다. 미국에서 인스턴트 음식, 학업 스트레스와 불규칙한 수면습관을 5년간 달고 살았던 탓에 2층 이상의 건물 계단을 오르는 것도 숨이 가빠졌다. 40을 바라보는 나이에 건강에 적신호를 느껴, 오로지 생존을 위해 피트니스 클럽에 등록했다. 첫 달에는 런닝머신 10분에도 어질어질했고, 스쿼트 10개도 힘들었다. 그러다 9개월 후, 스쿼트를 120개까지 할 수 있게 되었다. 근력과 더불어 활기차게 되었고, 덤으로 얻은 보디라인에 기뻤다. 제니퍼 로페즈까진 아니어도, 출산 후 슬퍼진 힙 라인에서 벗어나 자신있게 청바지를 입을 수 있게 되어 만족스러웠다.

하지만 팬데믹으로 인한 집콕 라이프 3개월 만에 나의 몸매는 예전보다 더 후져졌다. 초등 2학년이던 아들도 아는 영어단어인 "Fat"을 외치며 엄마 뱃살이 슬라임 같다 하니 참으로 곤란한 지경이었다. 164-60 정도면 보기 싫을 정도는 아니지만, 출렁거리는 뱃살이 꽤 문제적이었다. 9개월간의 개인 PT에서의 흘린 땀, 시간과 돈들이 물거품이 되었다. 집에서 홈트를 결심했지만, 6개월의 아기를 돌보며 책과 유튜브 일을 병행하자니 생각처럼 되지 않아, 전자레인지를 돌릴 때마다 그 앞에서 스쿼트를 하고 있는데, 운동효과는 미비해 노력이 필요한 중이다.

9개월간의 피땀 어린 운동을 단기간에 물거품으로 만들었듯, 무언가 만족스런 상태로 유지 또는 어떠한 목적을 이루기 위해서는 꾸준함, 즉 지속가능함은 필수다. 만약 어느 분야에 발만 담그다 뺀 경험들만 남아 있다면, 이 또한 인생에 있어 치명타다. 안타깝지만 남는 것 하나 없이 귀한 시간, 에너지와 재능까지 낭비한 셈이다. 그렇기 때문에 드림 맵은 또 하나의 큰 장점을 지닌 당신을 위한 발전 도구다. 드림 맵은 한 번 만들고 끝이 아니다. 만든 후, 일상의 매일과 함께하며 몇 달에 한 번 또는 몇 년에 한 번 업그레이드가 가능하다(그래야 한다). 당신의 비전과 인생관도 바뀌고 발전해가므로, 그에 따라 드림 맵은 몇 년에 한 번 뉴 버전으로 리뉴얼이 필요하다. 기존의 지도에 살짝 메이크 업도 가능하며, 또는 새로운 창조도 가능하다. 그렇기에 지속가 능성은 드림 맵이 가진 최고의 장점 중 하나다. 내 꿈의 지도는 단발적인 쇼가 되어서는 안 된다. 진정한 성공을 위한 도구라면, 평생 매니저가 되어야 한다.

드림 맵을 만드는 과정은 굳이 거액을 투자하거나 비싼 전문 가를 스카우트할 필요도 없다. 이 책 한 권이면, 당신만을 위한 드림 맵을 당장 만들어 보고 실천할 수 있다.

드림 맵은 매일 그리고 24시간 곁에 두고 있을 수 있는 도구 이다. 드림 맵은 당신의 사무실, 침실 등 다양한 시공간에서 매일 꾸준히 당신의 꿈을 관리해 주기 때문이다. 무엇보다, 때론 나약 해진 나를 위해 응원도 건네주며, 새로운 방향을 향한 길을 보여 준다. 당신의 드림 맵은 매일 당신만을 위한, 턴 온 라이트다.

드림 맵으로
꿈을 이룬
사람들 1
- 빚을 성공으로 바꾸다

꿈의 시각화를 통해 실제로 많은 사람이 자신만의 꿈을 이뤄가고 있다. 자신의 영역에서 전문가로서 활약하면서 꿈을 이루는 방법들을 공유하는 그들을 SNS, 유튜브 채널, 책에서 또는 강연장에서 실제로 만나보았다. 프로페셔널한 라이프 스타일과 더불어 자기계발 팁들을 맘껏 전수하고 있는 그들이 멋질 수밖에 없다. '에이, 상상의 힘, 이미지 효과라는 게 뭐~ 정말 되겠어?' 하는 의심보다 강력한 믿음을 갖길 바라는 마음에서 그들의 이야기를 엿보며, 우리도 그들처럼 멋지게 살아봄이 어떨까?

빚더미 10억에서 성공 신화를 이룬 켈리 최

유럽 12개국에 1,000여 개의 매장이 있는 글로벌 기업의 '켈리델리'의 켈리 최 회장은 한국 여성이다. 창업한 지 10년 만에, 0원의 자본에서 7,000억이라는 어마어마한 매출의 신화를 쓰며 승승장구 중이다. '켈리델리'는 초밥 도시락 전문 회사로 '스시데일리'와 '딤섬데일리'의 브랜드들이 있다. 켈리 최는 깐깐하기로 유명한 프랑스 유통업체 C에서 첫 매장을 파리에서 오픈했다. 풍부한 자금과 인맥은커녕, 10억 빚을 지고 있던 벼랑 끝에서 새로운 분야의 사업가로서 재기에 성공을 했다는 점이 놀라웠다.

2년간 매일 스시 매장을 다니며, 철저히 몸으로 부딪치면서 시장조사를 했다. 또한 자신이 필요한 분야의 책들을 선별하여 꾸준한 독서를 통해 비즈니스, 자기관리, 마케팅과 리더십에 관한 공부를 게을리하지 않았다. 초밥 장인인 야마모토 선생을 몇 번이고 찾아가서 도움을 요청하기도 했으며, 요식업에 필수였던 '식품안전관리인증기준'인 HACCP를 받기 위해 전문가를 끈질기게 설득하기도 했다. 자신만의 확고한 경영 철학을 지키고 세우기 위해, 여러 전문 분야 사람들에게 과감하면서도 진실로 어필할 줄 알았다. 그 전문가들은 대가를 바라기보다 기꺼이 켈리 최를 도왔는데, 그녀의 올바른 경영 마인드와 열정에 감동을 받았기 때문이었으리라. 사무실도 없이 시작했던 회사 '켈리델리'는 어느새 글로벌 요식업 회사로 초고속 성장하고 있다.

켈리 최는 가난 때문에 고등학교조차 갈 수 없어 홀로 와이셔츠 공장에 다니면서 고등학교를 다녔다. 그 후 패션에 흥미와 재능을 느껴, 일본과 프랑스로 디자인 공부를 위해 유학을 오게 되었다. 그러다 우연히 패션 대신 광고업을 시작하게 되었고, 30대 성공한 커리어 우먼이었으나, 몇 년 후는 사업 실패로 40이 넘은 나이에 주변 사람들도 떠나고 빚만 남았다. 그러한 상황에서 홀로 남의 땅, 프랑스에서 버텼던 몇 년은 얼마나 외롭고 힘들었을지 나는 상상조차 불가하다. 켈리 최는 자신도 엄마의 소중한 딸이라는 존재의 의미를 찾고 멋지게 일어섰다.

그녀가 더욱 멋진 이유는 진정한 목표를 매출액수가 아닌, '행복'으로 설정했다는 점이다. 일하는 기쁨도 크지만, 가족과 함께하는 시간을 소중하게 여긴 그녀는, 사장이 없더라도 자연스럽게 잘 돌아가는 회사 시스템을 만들었다. 인재 양성에 힘쓰며 직원들이 적극적으로 일하는, 서로가 발전할 수 있는 사내 분위기다. 그렇다 하더라도, 멀티플레이어일 수밖에 없을 회사 대표로서 매일 아이에게 책을 읽어주는 것이 대단했다. 남편과 딸과 함께 자신의 요트로 세계 곳곳을 여행 다니며 아름다운 추억을 만들기도 한다. 이렇게 멋진 켈리 최는 시각화와 드림 맵을 어떻게 이용하고 있을까?

코로나로 인해 전 세계의 수많은 기업이 휘청이는데도 '켈리 델리'는 여전히 매출의 상승세를 타고 있다. 그녀는 시각화 기법을 적극적으로 활용한 덕분이라고 한다. 시각화를 통해, 부정적인 상황에 대한 걱정을 머릿속에서 던져버리고 원하는 상황들, 자신이 가고 싶은 것들에 집중했다. 이를 통해 어려운 세계 경제 상황 속에서도 신속히 대처해가는 지혜로운 경영을 펼칠 수 있었다고 한다. 또한 좋은 사람들로부터 받은 도움과 영향이 있었기에, 기꺼이 타인을 도와야 한다는 사명감을 갖고 실천하고 있다. 다양한 프로젝트를 자신의 인스타그램에 올리며, 사람들의 성공을 진심으로 응원하는 멘토를 자처한다. 게다가 '시각화 끈기 프로젝트(2021년 5월 시작)'를 통해 시각화의 기적을 전파하고 있다. 그녀만의 성공 시크릿 중 하나인 시각화에서 추천하는 핵심적인 것 몇 가지를 적어본다.

1. 모닝 시각화 : 아침에 일어나면, 3~5분 정도 자신이 원하는 이상적인 하루를 떠올린다. 이상적인 하루에 대한 느낌을 진짜인 것처럼 감각적으로 느껴야 한다. 그리고 자신만의 확언과 더불어 상상했던 그 멋진 하루를 위한 행동을 반드시 한다.

2. 힘들 때의 시각화 : 힘듦이 느껴지는 즉시 (가능하지 않다면, 혼자만의 공간으로 즉시 이동 후) 눈을 감는다. 지금 그 상황이 어떻게 되어야 이상적일지 그 흐름을 상상한다. 그리고 이를 위한 행동을 실시한다. 예를 들어, 당신과의 관계가 좋지 않은 이에게 다가가 "고마워"와 같이 관계 개선에 도움이 될 말을 해본다.

3. 잠들기 전 시각화 : 3~10분 정도, 과거 장면들을 (상상 속) 블랙홀 속으로 빨려들게 하여 지운다. 머리가 비워지면서 기억에 남아 있던 감정까지 비운다. 뇌에 다른 생각들(비교 등)로 채워지는 것을 막고 홀가분함을 맞이하게 된다. 자신이 원하는 생각들로 채워지게 도와주는 취침 전 시각화이다.

유튜브 채널 'KELLY CHOI'에서 자신의 드림 맵을 소개한 적이 있다. 파워 포인트로 직접 제작한 맵이었다. 자신이 한 해에 이루고픈 목표들을 담아놓은 사진들로 가득했다. 존경하는 롤모델인 성공한 강연가이자 사업가인 토니 라빈스의 사진, 멋진 보디라인 사진, 철인 3종 경기와 마라톤 대회 사진, 행복한 가족 사진, 재능과 재산을 기부하겠다는 다짐의 이미지, 영어 공부 그리고 새로운 요식업 브랜드의 설립 목표 등 자신이 꼭 이루고 싶은 한 해의 목표들로 가득했다. 켈리 최는 이것을 프린트하여 방문이나 자신의 컴퓨터 바탕 화면에 띄워 놓는다. 가장 잘 보이는 곳에 자신의 드림 맵을 두며, 이는 본인이 열정적으로 살 수 있게 하는 이유가 된다. 남편과 딸과도 각자의 드림 맵을 같이 하고 있다는 그녀를 보며, 나도 드림 맵을 통해 사랑하는 사람들과 각자의 꿈을 응원할 기회를 만들고자 한다.

켈리 최는 큰 꿈이 최종 목표지만, 가장 중요한 것은 매일 그 꿈을 이루기 위한 작은 한 걸음이며 ~을 해나가는 자신만의 하루를 강조한다. 그렇다. 성공한 사람들은 큰 목표를 세움과 동시에 그것을 위해 노력하는 매일을 귀하게 여긴다. 나는 매일을 감사한 마음과 더불어 충실히 보냈을 때 원하던 일들이 짜잔 하고 나타나는 미라클을 경험한 바 있다. 원하는 일은 그럴 때 이루어지는 것이다. 소중히 여기는 매일이 중요함은 꿈을 이루는 탑 시크릿이다.

드림 맵으로
꿈을 이룬
사람들 2
- 무에서 엄청난 유를 창조하다

———

EBS 경제 프로그램 〈돈이 되는 토크쇼-머니톡〉에서 경제 전문가로 출연했던 김유라 님은 재테크 강의를 전국에서 하고 있는 스타강사다. 자기계발, 재테크 분야의 스테디셀러 작가이기도 하다. 그러나 예전에 그녀는 반토막 났던 펀드 투자 실패를 겪었고, 갑자기 전셋값이 급격히 치솟아 어린아이를 데리고 살던 집을 비워줘야만 했었다. 다시는 그런 일을 겪고 싶지 않아, 아들 셋을 키우며 필사적으로 경제 공부에 매달렸다. 외벌이 남편의 월급 중 50%를 모으는 짠순이 생활과 더불어 독학으로 경제 기초서부터 경제 기사들, 투자 실전서, 경제 고전까지 섭렵했다. 물이 새고 곰팡이가 피며 벌레가 그득하던 빌라에서 아이들과 4년간 버틴 적도 있었다. 그곳에서의 생활이 무서웠던 순간들도 있었지만, 행복했었고 얻은 것이 많았다는 초특급 긍정씩 씩 마인드가 멋지다. 마침내 그곳을 탈출하여 지금은 좋은 새 아파트에서 남편과 세 아이와 알콩달콩 지내며 경제적 자유를 이루었다. 단순히 악착같이 아껴서 돈을 모아 집을 사는 것만이 아닌, 부동산의 흐름을 배우고 분석하여 살기 좋은 집을 찾아내는 안목을 지닌 재테크 전문가가 되었다.

아들 셋 키우는 전업맘에서 베스트셀러 작가와 재테크 전문가가 된 김유라

그녀는 멋지다. 무에서 엄청난 유를 창출한, 실패에서 성공을 이루어 멋지기도 하지만, 자신의 꿈을 세우고 이를 이루기 위해 끊임없이 노력하고 도전했다. 그냥 부자가 아닌, 자아실현을 스스로 일구었다. 자신만의 경제적 노하우로 콘텐츠를 만들어 많은 사람과 나누며 자신의 브랜드화에 성공했다. 재테크 강의, 저서로 인한 인세 등 자신만의 수입을 계속 창출하고 있다. 가족과의 시간도 충분히 보내면서 자유롭게 강의하고 집필하면서 사람들에게 좋은 영향력을 주는 인플루언서로도 활약 중이다. 그녀는 주부였기 때문에, 아이들 엄마였기 때문에 이룰 수 있었던 목표들이었다는 말을 했는데, 정말 본받고 싶은 마음이다. 네이버 카페 〈선한부자 프로젝트〉를 통해 다양한 경제 스터디 모임을 오픈하여 사람들의 경제적 자유도 돕고 있다. 유튜브 채널 '김유라TV'는 구독자 5.6만 명으로 꽤 유명하다. 그 채널을 통해 많은 작가와 이야기하면서 자기계발 팁들을 공유하고, 경제, 재테크, 자녀교육 등 여러 가지 의미 있는 콘텐츠들을 올리고 있다. 라이브 방송에서는 흥이 넘치는 웰컴 댄스와 청취자들과 자유롭게 소통하면서 고민 해결사 역할도 자처하고 있다.

2020년, 김유라 작가의 강의가 (내가 세종시에 거주하던) 집 근처에서 한다는 반가운 소식을 우연히 접하고 번개의 속도로 강의 접수를 신청했다. 그분의 저서 〈나는 마트 대신 부동산에 간다〉와 〈아들 셋 엄마의 돈 되는 독서〉를 품에 안고, 강연장으로 가는 길은 설렘 그 자체였다. 실제로 만난 그분의 밝은 에너지는 상상했던 것보다 더 대단했다. 긍정적인 유쾌함과 진솔하게 강의 엑기스를 청중의 귀와 마음에 쏙쏙 전달할 줄 아는 찐한 명강사였다. 나는 기회가 되는 한 강의장에 자주 가려고 한다. "좀 더 나은 사람이 되고 싶다면, 여러분이 좋아하는, 존경하는 사람들을 최대한 자주 접해요! 망설이지 말고요"라고 외치고 싶다. 강연장이든 책 사인회든 직접 만나는 것(직접이 가장 좋지만, 요즘은) 이 어려우면 그분들이 쓴 책들, 온라인 강의이나 인터뷰 내용이 담긴 대중 매체를 통해서라도 최대한 자주 만나자. 이는 틀림없이 여러분에게 지혜는 물론이며, 꿈을 북돋아주는 반짝이는 기운을 준다. 이렇게 멋진 김유라 님은 드림 맵을 어떻게 활용하고 있을까?

그녀는 자신의 유튜브 채널과 집필한 책에서 직접 만든 드림 맵을 보여주며 그 노하우들을 전한다. 매해 출판되고 있는 저서 〈내 집 마련 가계부〉의 맨 앞장은 드림 맵을 만드는 것일 정도로, 그 중요성을 강조한다. 곰팡이가 피는 빌라에 살 때도 드림 맵이 있어 꿈꾸는 빛나는 미래를 간직할 수 있었다고 한다. 드림 맵이 있어 매일 꿈을 되새기며 하루하루 알뜰하게 살 수 있었다고.

빌 게이츠의 성공 비결이 '생생하게 상상하기'라는 사실에 감명을 받아, 김유라 님도 '부자엄마'가 되는 상상을 했다. 재테크 강의를 하고 책을 쓰는 모습을 실제인 것처럼 이미지화했다. 그러면서 자신의 소원들을 좀 더 가시화할 수 있는 보드를 만들기 시작했다. 신권, 금괴 사진, 전망 좋은 넓은 집, 좋은 차와 샤넬 백, 많은 사람으로부터 인정받는 이미지와 행복한 가족사진도 넣었다. 저서인 가계부의 드림 맵은, 자신이 살고 싶은 집의 평면도와 잡지에 나온 멋진 집의 사진을 붙인다. 그다음 그 드림 맵 옆에는 구체적인 목표와 계획 즉, 살 집의 금액, 현재의 자산, 수입액수와 대출 가능 금액들을 적어 실질적으로 그 집을 살 수 있는 시점까지 적는다. 이는 디테일한 계획과 나아가 실천의 밑바탕이 된다.

2011년, 자신이 힘들었을 때 드림 맵을 만들면서 마음의 여유를 찾게 되었다고 한다. 그 드림 맵을 8년간 벽에 붙이고 매일 보면서 자신이 그것들을 받을 자격이 있다는 믿음을 스스로 가졌다고 한다. 또한 드림 맵 덕분에 꿈은 먼 곳에 있는 게 아닌, 현실인 것처럼 느끼게 되었다. 남편이 처음에는 자신의 드림 맵을 비웃었으나, 그녀는 간절한 희망들을 버리지 않고 매일을 살았고, 마침내 꿈을 이룰 수 있었다. 그리고 드림 맵을 통해 아이들과 같이 서로의 꿈에 대해 대화할 수 있어 좋다고 한다. 꿈을 향해 나아가며, 자신만의 독자적인 영역에서 신나게 활동하는 그날을 상상하자. 여러분도 드림 맵을 만나, 김유라 작가처럼 멋지고 따뜻하게 자아실현을 누리는 삶을 살길 바란다.

드림 맵으로
꿈을 이룬
사람들 3

- 타인까지 성공시킨 자기계발 전문가

—

17.8만 명의 어마어마한 구독자를 보유하고 있는 자기계발 유튜브 채널 '코스모지나'의 운영자는 성진아 님이다. 그녀는 자기계발서 〈나도 멋지게 살고 싶다〉와 〈90일 챌린지〉의 지은이이자 아나운서다. 게다가 영어와 일본어에도 능통하다(23살에 시작한 영어는 국내파로서 보기 드문 대단한 실력자다). 〈액팅 잉글리쉬〉라는 콘텐츠로 영어 강의도 인기리에 진행 중이다. 그녀의 다재다능함은 이뿐만이 아니다. 온라인으로 다양한 강의가 업로드되고 있는 대형 사이트, 클래스101에서 〈회사 없이 프리랜서로 자신의 커리어&수익 성장시키는 방법〉이라는 자신의 커리큘럼

을 운영 중이다. 10년간 프리랜서 경험으로 얻은 노하우를 바탕으로 억대 연봉과 원하는 직업을 찾을 수 있는 팁을 전한다. 또한 'LEVEL UP YOUR LIFE! 더 나은 삶을 위한 모임'라는 온라인 카페를 통해서 프리랜서, 다이어트, 외국어 공부, 습관 관리 등 회원들의 꿈과 성장을 열렬히 지지하고 있다. 다양한 영역에서 맹활약하는 성진아 님은 아름답고 탄탄한 복근 몸매의 소유자이기도 하니, 진정한 '자기관리의 퀸'이다. 부러우면 지는 거라는데, 그런 것을 따질 수도 없을 만큼 아름답고 멋진 그녀다.

프리랜서 아나운서로서 영어 교육과
자기계발 콘텐츠 크리에이터인 성진아

'코스모지나' 유튜브 채널의 열렬한 팬으로서, 무엇보다 자기 주도적인 삶을 살고 있고 끊임없이 자신의 성장을 도모하는 성진아 님의 여러 영상은 감명 깊다. 인맥을 통해 일이 진행되었던 방송인으로서의 삶을 버리고, 자신만의 콘텐츠를 쌓아가고 발전해가기 위해 2017년에 유튜브 채널을 오픈했다. 채널을 통해 외국어 공부에 관한 꿀팁과 시간관리, 계획을 기록하는 법 그리고 무엇보다 이를 실천해나가기 위한 여러 이야기들을 전한다. 20

대부터 시작한 프리랜서 삶에서 자신을 끊임없이 관리할 수밖에 없었다고 고백하는 그녀의 멈추지 않은 그 꾸준함이 멋지다. '내가 원하는 삶'이 내 인생의 모토인지라, 더욱더 그녀의 이야기에 공감한다. 때론 지치고 무기력해질 때 에너지 넘치는 '코스모지나'의 영상들을 보노라면, 절로 치얼 업이 된다. 이렇게 멋진 성진아 님은 드림 맵을 어떻게 활용하고 있을까?

자신이 직접 만든 드림 맵들을 보여주며 그 맵의 엄청난 파워를 말한다. 놀랍게도 10대 때부터 자신만의 방식으로 적극 활용하고 있었다. 드림 맵을 큰 종이나 보드에다 만드는 대신, A4 크기 정도의 노트에 만들었다. 그녀는 그것을 드림 노트라 명명했다. 10대부터 꿈꾸었던 프라하 여행 관련 사진, 프랑스 니스 해변 사진, 아나운서로의 꿈과 자신만의 워너비 복근 사진 등이 있었다. 그녀는 실제로 그 노트를 통해 여러 성취를 이루었다고 한다. 22살에 혼자 떠난 80일간의 유럽 배낭여행, 프랑스에서도 유학을 하며, 중국 상하이, 대만, 영국의 런던과 미국의 뉴욕 등 세계 곳곳을 여행하면서 자신이 하고팠던 아나운서의 꿈도 이루었다. 그녀는 맹세코 드림 맵 덕분에 자신의 꿈들이 이루어졌다고 한다.

드림 노트를 만드는 과정은 이렇다. 여러 이미지 중에 자신의 의욕이 샘솟게 하는 사진을 모아 중요도 순으로, 내용별로 그룹화를 지어서 배치한다. 사진 밑에는 포스트잇으로 목표의 구체적 내용과 스스로 정한 마감일을 써 놓는다. 여행을 갈 때면, 공항에서 외국 잡지들을 사서 미리 마음에 드는 이미지들을 잘라 스크랩을 해두는 등 좋은 이미지들을 수집해 놓는다.

그녀는 매일 보는 것(성공한 사람들의 공통점 : 꿈을 매일 보며 되새긴다)과 매일 해야 할 행동을 정하고 실행하는 것을 가장 강조한다. 행동이 더해지지 않으면 꿈은 그냥 꿈으로만 멈추기 때문이다. 꿈이 실제가 되어야 꿈을 꾸는 자신을 포함한 삶 그리고 노력이 진정으로 의미 있게 된다. 꿈을 찾아 매일 보면서 이를 위한 행동을 하나씩 더해가는 일상에서 살자. 그렇게 나만의 꿈을 매일 아름답게 가꿔보는 거다. 그럼 어느 순간 풍요로운 행복이 가득한 삶 속에 있으리라 믿는다.

23만 명의 구독자를 보유한
독일인 자아실현 코치 알렉스 룽구

자기계발 코칭으로 유명한 알렉스 룽구는 특이하게, 독일인으로서 한국에서 활동 중이다. 고2 때 아리랑 TV 시트콤을 보다가 한국에 관심을 갖게 되어 한국어 공부를 하게 되었다. 그 후

2013년 한국에서의 삶을 결정하고 푸마 코리아의 전략기획 매니저로 일하게 된다. 근무 중 그는 힘들지만 막연한 꿈만 가진 무의미한 삶에서 벗어나고자, 명상, 달리기를 시작하고 자아실현 코칭을 받게 된다. 그러면서 새로운 자아를 찾게 되어, 자신이 얻은 것들을 사람들에게 나누고자 하는 원대한 목적을 갖게 되었다. 이를 위해 의식성장 학교, 하이어 셀프(HigherSelf)를 설립했다. 이곳에서 다양한 주제의 자아실현 워크숍을 열어 많은 이들에게 자신만의 비전 찾기, 진정한 행복 찾기, 개인의 의식과 역량 강화를 적극적으로 돕고 있다. 블로그에 글을 기고하며 많은 독자의 자기성장을 돕기도 한다. 알렉스 룽구는 무엇보다 '삶의 주인이 되는 의식성장'을 강조한다.

3년간 집필에 전념하여 〈의미 있는 삶을 위하여〉라는 자기계발서도 출간했다. 이 책은 원하는 삶을 찾지 못하고 있는 사람들의 문제점을 심층적으로 분석했다. 멋진 문구만 가득 나열해놓은 자기계발서들보다 와 닿는 부분이 훨씬 많았다. 은연중에 알고 있거나 실생활에서 부딪히고 있는 장애물들을 모른 척 넘기는 것이 아닌, 받아들이면서 목표로 행동할 수 있게 하는 지혜가 담겨 있다. 비전은 있지만, 무언가가 자신을 가로막고 있음(방해물)을 느낄 때 도움이 될 것 같다.

자신을 '자기계발 마니아'라 밝히며, 깊이 있는 자기계발 콘텐츠들을 유창한 한국말로 2016년부터 꾸준히 유튜브에 업로드하고 있다. 어느덧 23.3만 명의 구독자 층과 누적 조회 수가 1,500만인 인기 채널이다. 이렇게 멋진 알렉스 룽구는 드림 맵을 어떻게 활용하고 있을까?

드림 맵을 비전 보드라 부르며, 이를 통해 한 해의 계획을 세우고 실천할 수 있다고 한다. 바쁨 또는 자잘한 사건들로 인해 자신만의 비전을 던져버리고 살게 될 가능성이 많다. 그럼에도 드림 맵은 목표로 향하게 함을 멈추지 않게 하는 동기부여의 역할을 하기 때문에 중요하다고 강조했다.

자신의 2년간의 드림 맵을 유튜브 영상을 통해 보여주었는데, 에리히 프롬, 빅터 프랭클과 팀 페리스 등 자신이 존경하는 사람들의 사진, 자신이 개최하고픈 워크숍과 온라인 코스에 관련 사진, 마틴 루터킹처럼 잘 하고픈 스피킹 사진, 이루고픈 유튜브 구독자 사진, 책을 집필하는 것, 이사 가고픈 예쁜 집 사진, 자신의 통장 사진과 요가 관련 사진 등이 있었다. 자신이 한 해 이루고픈 목표에 관련된 사진들의 배열이었다. 그는 그것을 그 한 해에 모두 이루었다고 기쁘게 고백했다.

알렉스 룽구는 구글 또는 네이버를 통해, 자신이 목표하는 것들을 검색어에 넣고, 고화질의 이미지를 찾아서 컴퓨터 폴더에 차곡차곡 저장한다. 이미지들은 좋아하는 우상들의 사진, 배우고픈 분야, 하고 싶은 일들 또는 가고 싶은 여행지 등이 될 수 있겠다. 인생에서 중요시하는 '가치'에 관한 이미지도 필요하다. ('가치'에 관한 부분은 파트 4에서 명확히 제시한다.) 그다음 포토샵이나 파워포인트를 이용해 모아둔 이미지들을 심혈을 기울여 중요한 순위로 배열해간다. 2~3장 프린트해서 침실이나 거실 또는 사무실 등 자신이 볼 수밖에 없는 위치에 액자로 걸어두고 일상에서 자주 보기를 추천했다. 그 또한 매일 봄으로써 하나하나 실천해 갈 수 있었다고 한다.

그는 강조했다. 드림 맵 덕분에 자신의 꿈들을 이룰 수 있었다고. 물론, 드림 맵이 없었더라도 자신이 소망하는 몇 가지는 이루었을 것이지만, 그랬더라면 자신이 원하는 많은 목표를 모두 다 이룰 수 없었을 것이라고 강하게 확신했다. 꿈의 배열인 드림 맵은 체계적인 계획을 통해 노력과 실천을 가능케 하기 때문이다. 그리고 그 역시 자신의 드림 맵은 '아침에 왜 일어났는지?'에 대한 이유라고 말했다.

드림 맵으로
꿈을 이룬
사람들 4

- 굿 라이프를 실천하는 유튜버

'도르미'라는 유튜브 채널이 있다. 2019년부터 자신을 '기록의 소중함을 알리는 창작가'로 소개하며, 직접 디자인한 불렛저널 양식들을 매달 새롭게 업로드한다. (불렛저널 : 라이더 캐롤이 만든 다이어리 양식, 양식 없는 노트에 쓰는 사람이 자유자재로 항목과 페이지 수를 정하여 쓰는 저널. 실제 필자도 쓰고 있는 다이어리 형식, 파트 4 '기록'에 관한 부분에서 구체적으로 설명했다) 성실한 그녀의 콘텐츠들 덕분에 어느덧 2.36만 명이라는 구독자가 있는 채널로 성장했다. 펜과 모양자만으로 다채로운 디자인을 매번 보여주는 그녀의 창의력이 놀랍다. 단순히 종이 기록뿐만이 아닌

디지털 양식도 있어 더 많은 사람이 저널의 기록을 실천해 볼 수 있도록 돕고 있다. 최근 클래스 101 〈즉흥성을 계획으로! 삶을 정리하는 비법, 불렛저널 다이어리 입문하기〉라는 온라인 수업도 오픈해 활약 중이다.

기록 창작가로서 불렛저널의 전파자, 크리에이터 도르미의 드림 맵

예쁘고 재미있는 기록만을 보여주는 것이 아닌, 실질적인 기록의 장점들과 이용법들을 전하고 있어 더욱 멋지다. 그녀는 '불렛저널은 하루하루를 성찰하고 정리할 수 있는 좋은 도구'라고 믿는다. 아침 성찰-실천하기-저녁 성찰 단계를 매일 실천하고 있다. 이는 성공한 많은 사람이 하고 있는 방식으로, 하루를 알차게 보내는 데 매우 유용한 방식이다. 필자도 이를 실행하고 있는데, 매일까지는 아니어도 일주일에 3번 이상은 꼭 해보기를 추천한다. 단 1주일만 해보아도 당신의 달라진 하루를 몸소 느낄 수 있다. 도르미 님은 아침에 오늘의 할 일 목록을 작성하는데, 이는 '하루를 생각하는 주머니' 역할을 한다. 할 일을 열심히 하고 저녁에 자신이 했던 것들을 기록하고, 떠오르는 아이디어도 정리하며 하루를 정리한다. 그리고 "그렇게 하루를 잘 보내준다"라고 말하는 마인드가 낭만적으로 다가온다. '기록으로 성장하기 프로젝트'를 유튜브 채널을 통해 하고 있는 나는 기록 덕후로서, 체험하면서 발견한 다양한 기록의 팁들을 콘텐츠로 업로드하고 있다. 그렇기에, 그녀처럼 기록의 장점을 알려주는 크리에이터를 보면 반갑다. 기회가 된다면 기록 창작가 도르미 님과 같이 하는 콘텐츠를 꿈꾸어 본다. 역시나 멋진 사람을 보면, 감탄과 더불어 새롭고 재미난 내 꿈이 하나 더 생겨나니 더욱 좋다. 이렇게 멋진 도르미 님은 드림 맵을 어떻게 활용하고 있을까?

드림 맵은 목표를 사진으로 이미지화하여 동기부여하는 도구로서 자신의 꿈을 선언하는 것이라고 했다. 그녀는 불렛저널에 드림 맵을 만들었다. 1년의 목표를 정해서 이에 맞는 이미지들을 찾고 비슷한 목표끼리 적절히 배치한다. 1번째 장은 자신의 성장과 목표에 관해서, 2번째 장에는 버킷리스트(해보고 싶은 일) 목록처럼 가고 싶은 곳, 갖고 싶은 것, 도전하고 싶은 것과 롤 모델들을 포함하고 있다. 목표에 관한 부분은 유튜브 구독자 1만 명, 인문학 책 읽기, 독서 토론 동아리, 일기 쓰기, 건강관리, 도전하는 삶과 미니멀리스트 되기 등이었다. 그다음 장에는 갖고 싶은 카메라, 독립하고 싶은 자신만의 방과 돈, 페루의 마추픽추,

파리의 에펠탑, 좋아하는 캐릭터들, 인생의 롤 모델들, 그중 젠임(Jenn Im : 한국계 미국인으로 패션/뷰티/일상 관한 채널 운영자로 구독자 315만 명의 유명 유튜버)의 사진도 있었다.

흥미롭게도 자신의 드림 맵 그 1년 뒤의 결과에 대해서도 전했다. 실제 맵을 만들 당시 구독자가 47명이었으나 1만 명을 달성했다고 한다. 페루 마추픽추에도 다녀왔으며, 카메라도 갖게 되었다고 한다. 자신의 꿈의 목록에서 전부는 아니지만, 현실로 이루어짐이 신기하고 그 효과가 대단하다는 본인과 솔직한 소감도 함께한다. "꿈은 되도록이면 구체적일수록 좋다"고 한다. 예를 들면, 단순히 '그림 그리기'가 아닌 '오일 파스텔 그림 그리기'처럼 말이다. 그리고 기한을 반드시 정하여 꿈이 이루어지는 가능성을 높여야 한다고도 강조한다. 마지막으로 드림 맵은 제작하고 끝내는 것이 아닌, 자주 확인하며 동기부여를 해야 한다는 것!

기록의 소중함을 전하는 크리에이터 도르미 님이 성장해가는 모습을 보니, 구독자로서 나 또한 뿌듯하고 같이 성장하는 같아 좋다. 그녀처럼, 매일의 기록과 더불어 드림 맵을 활용하여 좋아하는 일과 잘하는 일이 녹아있는 하루하루를 창작해보자.

독일의 시립 발레단 솔리스트 한국인 발레리나 오수미

독일의 한 시립극장에서 발레리나 오수미 님이 새해를 맞이하는 영상을 우연히 보게 되었다. 그녀는 독일 시립 발레단, 켐니츠에서 솔리스트로 활약 중이다. 오수미 발레리나는 독일에서 태어나 초등학교 2학년까지 살았다. 귀국 후 한국에서 발레전공으로 대학원을 수료하던 중 늘 선망의 대상이었던 무용단의 삶에 대한 꿈을 포기할 수 없었다. 실패하더라도 한 번이라도 도전조차 해보지 않는다면 나중에 후회할 거라는 생각에 해외 무용단원이 되기로 결심한다. 자신이 가장 원하는 꿈에 도전하기로 마음을 먹은 후 바로 실행에 옮긴다. 바로 독일어 학원부터 등록했고 아무것도 결정된 게 없었지만 당차게 독일행 편도 티켓을 끊었다. 비자를 받기 위해 독일 대학교에 입학을 준비한다. 서류심사 과정에서 여러 난관이 있었지만, 포기하지 않았고 대학원 공부를 무사히 마칠 수 있었다. 석사 과정을 하면서 동시에 무용단 오디션을 보며 무용단원의 꿈을 키웠고, 여러 번의 도전 끝에 자신이 원하는 꿈을 이루었다. 자신의 꿈을 위해 망설임 없이 행동하는 그녀의 결단력과 진취력이 멋지다.

유튜브 채널 '수미로그(soomilog)'를 통해 자신의 일상들을 진솔하게 보여주고 있다. 자신의 커리어에 대한 열정 가득하고 건강한 매일을 살고 있는 그녀는 매력적이다. 겸손함이 느껴지는 애티튜드와 더불어 자신의 일에 진심으로 보람을 느끼며 사는 모습에 어찌 반하지 않을 수가 있으랴. 단순한 일상 브이로그만이 아닌, 25년이라는 풍부한 발레경력에서 나오는 발레에 관한 여러 팁들, 발레 용어 사전, 홈 트레이닝 팁과 오디션 팁 등 발레에 관심이 있는 사람들의 가려운 곳을 긁어주는 유용한 콘텐츠들이 많다. 발레 공연뿐 아니라, 교육 커리큘럼에서도 강의 실력을 갖추고 있다.

독일 만하임 발레학교에서 교육학 석사 과정도 마친 그녀는 클래스101을 통해 발레의 워밍업에서 유연성을 위한 팁, 기본 동작들 마스터부터 발레에 대한 마음가짐까지 폭넓은 커리큘럼을 제공하고 있다. 10년 전 취미로 6개월간 발레를 접하며 무기력했던 삶에 활력을 찾은 경험이 있는 터라, 나도 둘째 출산 후 몸매교정과 건강을 위해 발레를 수미 님 온라인 강의로 시작해볼까 한다. 이렇게 멋진 오수미 님은 드림 맵을 어떻게 활용하고 있을까?

자신만의 의식들로 지난 한 해를 되돌아보며, 새해 목표를 세운다. 작년의 목표를 되돌아보며 이룬 것들을 체크하고 리뷰 한다. 그다음에는 자신의 커리어와 개인적인 삶으로 새해 목표를 2가지로 나누고, 각 계획들을 상반기와 하반기로도 나눈다. 기간을 나눔으로써, 좀 더 세부적으로 실행할 수 있는 계획을 세울 수 있다고 한다. 새해를 맞이하면서 자신이 진정 하고 싶은 것을 꿈의 목록으로 한다. 하고 싶은 것, 소유하고 싶은 것, 가고 싶은 곳, 되고 싶은 사람 또는 만나고 싶은 사람에 대하여 스스로에게 질문을 던진다. 거기에 대한 답을 써본다. 이는 자신을 되돌아보는 중요한 순간이 되며, 결국 그 기록이 자신의 꿈을 이루어 준다고 한다. 이 목록들 중에서 '자신의 욕망 리스트 10'을 만들어 우선순위를 매긴다. 이것을 통해 자신만의 드림 맵을 제작한다. 되고 싶은 이미지와 맘에 드는 문구들을 큰 도화지나 노트에 붙여서 최대한 자주 보는 곳에 붙여둔다고 한다. 그녀도 역시 자주 보는 것을 강조한다. 이것이야말로 꿈이 이루어지는 절대불변의 법칙임에 틀림없다.

드림 맵으로
꿈을 이룬
사람들 5
- 메가셀러 작가의 탄생

─

　세계적인 메가셀러, 〈영혼을 위한 닭고기 수프〉는 한국에서
만도 1백만이 넘는 독자들이 읽었다. 미국에서는 출간되자마자
190주(무려 3년 8개월 정도의 기간) 〈뉴욕 타임즈〉의 베스트셀러였
으며, 전 세계 43개의 언어로 출판되어 1억 부 이상 판매되었다.

　그러나 실제 〈영혼을 위한 닭고기 수프〉는 출간되기까지 140
개의 출판사로부터 거절당했었다(실제, 나는 이 부분에서 '그래, 나
도 할 수 있다'는 용기와 다짐을 얻었다)고 한다. 〈닭고기 수프〉 시리
즈의 두 명의 공저자 중 잭 캔필드는 드림 맵을 실제 오랫동안 활
용하고 많은 이들에게 전파하고 있어 그 이야기를 하고자 한다.

전 세계 5억 독자가 읽은 책의 저자 잭 캔필드

캔필드는 유명한 성공 코치이자 동기부여 강연가로서, 40여 년간 사람들이 꿈에 도달할 수 있도록 돕고 있다. 전 세계 21개 국의 90만 명 이상의 사람들에게 개개인이 원하는 성공, 행복과 더불어 성취하는 삶을 만들어 갈 수 있도록 하는 비법을 전수하고 있다. 환경에 상관없이 성공을 향한 최대한의 잠재력을 끌어올려 주며 2,500개 이상의 워크숍을 포함한 행사들을 진행했다. 미국 최고의 카운슬러로서 〈굿모닝 아메리카〉, 〈오프라 윈프리 쇼〉 등의 인기 있는 TV와 라디오의 게스트와 칼럼니스트로도 활약했다. 닭고기 수프 시리즈뿐만 아니라, 공동 저자로서 〈1% 의 행운〉, 〈마음을 열어주는 101가지 이야기〉와 〈성공의 원리〉 등 다수의 베스트셀러도 집필했다. 그는 지금도 은발을 휘날리며 비즈니스적인 성공, 개인의 성공과 책 쓰기와 출판 노하우에 관한 활발한 코칭과 강의를 하고 있다. 다양한 커리큘럼의 온라인 강의도 오픈했으며, 유튜브 채널 'Jack Canfield'를 통해 많은 청취자와 구독자들에게 도움 되는 팁들을 기꺼이 무료로 제공하고 있다. 이렇게 멋진 잭 캔필드는 드림 맵을 어떻게 활용하고 있을까?

그는 1970년부터 시각화가 이루는 미라클을 직접 경험했고,

이를 꼭 경험해 보라며 강력히 추천하고 있다. 처음에 그는 자신의 멘토였던 클레멘트 스톤으로부터 "목표를 시각화하라"는 가르침을 받고 실천했다. 10만 달러 (가짜) 지폐를 만들고 나서, 천장에 붙여 두었다. 그리고 매일 보면서 10만 달러가 생겼을 때 삶의 변화를 생생하게 상상했다. 그러다 4주가 지나던 날, 샤워를 하다가 한 아이디어가 떠올랐다. 쓰고 있는 책을 40만 권을 팔아서 원하는 수입을 만들어 보자는 생각이었다. 그 후 자신의 강연이 끝나고 나서, (며칠 전 가판대에서 유독 눈에 띄었던 잡지의) 기자가 마침 인터뷰를 하고 싶다고 찾아왔다. 그로부터 1년 뒤, 놀랍게도 그는 자신의 목표를 이루었고, 그의 수익은 그 이전보다 12배 이상으로 뛰었다. 아침에 일어나자마자, 자신의 드림 맵을 보면서 꿈꾸는 돈을 가진 자의 라이프 스타일과 살고 있는 집의 모습을 상상했다. 첫 번째 목표를 이루고 나서, 100만 달러가 있는 드림 맵을 만들어 시각화를 했으며, 실제로 몇 년 뒤 〈닭고기 수프〉 시리즈의 성공과 더불어 업그레이드했던 그의 꿈도 이루었다.

잭 캔필드는 드림 맵의 역할에 대해 명확히 제시한다. (파트 2의 전반부, 시각화의 장점과 의미에 관한 구체적인 증거들이 보여주었듯이) 잠재의식의 영향을 많이 받는 뇌에 강력한 작용을 하는 역할이 시각화다. 드림 맵이야말로 "우리가 할 수 있는, 최고로 가치 있는 시각화의 도구"라고 한다. 드림 맵은 당신이 원하는 삶을 실제로 있는 듯이 보여주며, 이는 보는 사람의 감정과 에너지를 활성화시킨다. 드림 맵은 목적을 향한 해결책뿐만 아니라, 꿈으로 도달하게 하는 자원들과 기회들을 포착하는 지각력을 만들어 준다. 이걸 이용해 여러분의 위대한 꿈들을 끌어당기는 삶의 매직을 경험하라고 그는 자신 있게 말한다.

잭 캔필드는 이미지들 중에서 자신에게 가장 긍정적인 에너지를 불러일으키며, 실제로 마음이 뛰는 이미지들을 찾기를 추천한다. 그냥 원하는 삶이 아닌 가장 이상적으로 원하는 대표적인 이미지들을 선택해서 배열할 때, 깔끔하게 할 것을 강조했다. 지나치게 많은 이미지와 정돈되지 않은 배치는 꿈에 대한 집중에 방해가 되기 때문이다. 또한 만들어 놓은 드림 맵에서 이미 이룬 꿈의 이미지는 뜯지 말고 그대로 둔다. 의도적으로 삶에서 이룬 것들을 상기시키는 역할을 하기 때문이다. 이는 매일 내가 성취한 것들, 해낸 일들을 기록으로 남기며 성취감을 느끼는 것과 같다. 이는 삶의 행복도와 더불어 보람과 자신감을 키워주는 비법이다. 또한 당신의 꿈과 성장과 업적들의 연대기가 될 것인 당신만의 드림 맵을 귀중히 간직하기를 당부했다. 나도 첫 번째 드림 맵이 가장 소중하다. 시각화를 통해 꿈이 실현되었던 시초이자, 믿음의 동기가 되었기 때문이다. 아직 드림 맵을 경험해보지 못한 누군가도 그런 기쁨을 느껴보았으면 좋겠다.

캔필드는 구체적으로, 꿈을 부르는 기적을 위해서 '매일 아침과 밤마다 자신의 꿈과 목표를 시각화하고 확신하며 내면화하기'를 추천했다. 특히, 잠들기 전의 시각화가 가장 강력하다고 한다. 이는 잠들기 전 마지막 45분 동안 떠올렸던 생각과 이미지들이 잠재의식으로 밤새 반복되기 때문이다. 이로써, 당신이 원하던 미래가 뚜렷하게 나타나기 시작하는 기적에 감사하는 경험을 하게 된다고 한다.

또한 드림 맵을 만들기 전에 자신만의 비전을 명확히 하는 방법을 알려준다. 눈을 감고 심호흡을 하고, 각각의 분야에서 이상적인 모습에 집중한다. 당신이 스스로에 물어보고 싶은 질문을 던지고 당신의 상상 속에서 이상적인 삶에서 찾은 답들을 적는다. 다음은 그가 제시한 일곱 분야에 관한 질문들이다. 이것이 꼭 완벽한 정답은 아닐 수 있으나, 누구에게나 적용하기 쉬우면서 구체적이기에 (간단했던 그의 영어를) 간추려 올려본다. 여기서 실질적인 팁을 드리자면, 질문은 얼마든지 원하는 대로 만들 수도 있으며, 아래 질문들 중 관심 있는 분야에 먼저 집중하기를 추천한다. 시작 단계에서는 집중과 몰입에 포커스를 맞추는 것이 매우 중요하다. 왜냐하면 우선 성취를 이루고 나서 좀 더 확장해 나가는 것이 성공할 확률을 높이며, 장기적으로 나아갈 수 있는 탁월한 선택이 될 것이기 때문이다.

1. 비즈니스와 커리어 분야에 대한 질문 : (이상적으로 생각하는) 당신의 일
   과와 일하는 시간, 성공적이었던 프로젝트, 당신의 일에서 좋아하는 것, 누
   구와 일하는가 등

2. 재정적인 부분에 관한 질문 : 당신의 직업, 투자 또는 부수적인 월수입, 은
   행 계좌에 얼마가 있었으면 하는가, 은퇴 자금은 얼마나 원하는가 등

3. 인간관계에 대한 질문 : 이상적인 삶에서의 당신의 인간관계는 어떠한가,
   누가 가장 중요한 사람인가, 그들과 있을 때 느낌은 어떤가, 어느 정도의
   시간을 그들과 무엇을 하면서 보내는가 등

4. 개인적인 삶에 대한 질문 : 당신은 자유시간에 무엇을 하며, 어떠한 것들에
   재미를 느끼는가, 휴가를 어디로 가며, 어떻게 보내는가, 당신의 주말은 어
   떤 모습인가 등

5. 건강에 대한 질문 : 원하는 당신의 보디라인, 당신이 하고 싶은 운동의 종
   류, 먹는 습관, 당신의 몸무게, 얼마나 유연한가, 운동 목표(예를 들면, 스쿼
   트 20개 이상, 하프마라톤 출전 같은 것들) 등

6. 개인적인 성장(당신이 발전시키고픈 지식과 기술 부분)에 관한 질문 : 명
   상을 해보고 싶은가, 감정 조절에 관심이 있는가, 배우고 싶은 악기가 있는
   가, 도전해 보고 싶은 외국어가 있는가 등

7. 세계 또는 국가나 지역 사회를 위한 기여에 관한 질문 : 당신이 변화시키고

싶은 분야, 당신이 어떤 방식(자원 또는 전문적인 재능)으로 봉사할 수 있는가 등

  이 질문들은 개인적인 성공에 그치는 것이 아닌, 삶을 풍성하게 만들어 주는 요소들이 있어 유익하다. 스스로에 대한 질문은 이 정도까지 상상해야 하나 싶을 정도로 구체적이고 생생해야 한다. 그래야 명확한 당신만의 비전을 찾을 수 있을 테니까. 성공한 사람들은 자신에게 끊임없이 질문하는 버릇이 있다. 질문을 해서 자신을 알아가는 것이 진정 원하는 삶으로 가는 진리이기 때문이다. 50년째 드림 맵을 꾸준히 하고 있으며, 이를 사람들에게 추천한다면 그야말로 캔필드는 드림 맵의 산증인이지 싶다. 우리도 그처럼 내 꿈에 집중하여 만든 드림 맵으로, 밝은 하루를 보낼 수 있는 에너지를 충전하여 멋진 일상으로 나아갈 수 있는 힘을 얻는 것이 어떨까?

  드림 맵을 활용하여 자신의 꿈을 오늘도 일궈나가는 멋진 사람들의 이야기를 보았다. 그들은 각자만의 방식으로 원하는 삶을 터치하며 살아가고 있다. 멋진 삶은 그들만의 것이 아니다. 당신의 삶 또한 당신의 것이다. 이는 진리다.

"인생에서 가장 멋진 일은
사람들이 당신이 해내지 못할 거라
장담한 일을 해내는 것이다."

– 월터 배젓

PART 03

**미래를 바꿔줄 드림 맵을
만드는 7단계**

"직접 해보기 전에는 아무도 자기 안에
어떤 능력이 도사리고 있는지
미리 알 수 없습니다."

– 어니스트 헤밍웨이

준비단계:
드림 맵을
만들기 위한
준비물

당신은 수영장 물 앞에 서 있다. 수영모를 가다듬고, 수경을 얼굴 라인에 맞게 조절한다. 목을 돌린 다음 팔을 좌우로, 발목, 무릎, 허리를 돌리고 짧은 P.T 체조도 한다. 블랙 스윔수트를 입은 채 준비운동만 그렇게 10분째다. 이는 체온보다 낮은 수온에 적응할 수 있도록 도와주며, 부상 예방과 관절 운동 범위를 넓혀 기록을 최고로 만들어 준다. 이러한 준비단계가 없다면 피니시 라인에 가는 도중 발에 쥐가 나서 중도 하차할 수 있다. 도착하더라도 예상보다 뒤처진 기록으로 도착할 가능성이 크다. 입수 전 준비운동처럼 당신만의 드림 맵을 만들기 위한 준비를 해보

자. 아래 준비물들은 당신을 최상의 컨디션으로 피니시 라인까지 데려가 줄 꼭 맞는 수영복, 수영모와 수경 같은 거다.

1. A5 노트 또는 그냥 정갈한 종이 A4 6장 정도 : 당신 꿈의 청사진인 계획과 구상들을 적기 위한 기록 장치다.

2. A3(29.7×42cm), A1(59.4×84.1cm) 또는 A2(42×59.4.cm) 크기의 종이를 넉넉히 2~6장 정도 또는 마그네틱 보드 2개 정도(크기는 클수록 좋다) : 드림 맵의 배경이다.

3. 잡지 몇 권 또는 인터넷이 가능한 컴퓨터와 컬러 프린트가 가능한 프린터기(사진 인화용 종이가 있다면 더욱 좋다) : 당신의 꿈과 유사한 이미지들을 모으기 위해서다.

4. 가위, 풀, 자석, 인덱스 라벨지 또는 포스트잇 : 꿈 서린 이미지들을 자르고 배열하고 난 후 붙인다. 그리고 그 위에 간단한 메모들을 덧붙인다.

준비물을 갖추었다면 이제, 드림 맵을 직접적으로 만들기 전 준비운동 2가지다.

첫째, 큰 꿈을 꾸고, 자신은 충분히 그럴 수 있는 사람이라고, 그걸 누릴 수 있는 사람이라는 확신을 갖자. 그러한 확신은 중요하다. 이는 꿈을 이룬 사람들과 그렇지 못한 사람들과의 차이점이다. 아무리 열심히 살아도 여전히 제자리걸음인 이유는 확신이 없어 나아가지 못하기 때문이다. 성공한 이들에게도 멘토와 성공을 도와주는 도구가 있다. 그들은 멘토의 말과 자신이 이용하는 도구의 효과를 진심으로 믿는다. 자신도 모르게 '내가 과연 할 수 있을까?' 또는 '내가 이렇게 하면 되기는 할까?' 하는 의심을 합리적 의심이라 넘겨짚지 말자. 주변에 보면 매우 현실적인 지인들이 있기 마련이다. 정작 똑똑해 보이는 그들이야말로 자신의 꿈을 자로 재느라 현상 유지 또는 안정을 최상의 상태로 여기면서 그냥저냥 살 가능성이 크다. 드림 맵과 함께라면 놀라운 변화와 행복한 성장이 자연스레 당신 곁에 올 것이다. 자, 이제 자신에 대한 확신을 갖고 나아가는 거다.

두 번째, 그 누구에게도 방해받지 않을 시간과 공간을 스스로에게 허락하자. 핸드폰은 무음이나 비행기 모드로 손이 닿지 않는 곳에 멀찍이 둠은 당연하다. 드림 맵을 만드는 전체 단계는 준비단계와 실질적인 6단계로 이루어져 있고, 가족, 친구 또는 다른 사람들과 같이 해볼 수도 있다. 그러나 준비단계 또는 2단계까지는 '당신 혼자'를 추천한다. 아니, 그렇게 해야 한다. 그래야만 당신이 진정 원하는 꿈들을 찾고 당신의 일상을 제대로 점검하고 셋업해볼 수 있다. 절대적으로 고요한 시공간 속에서만 당신의 진심을 오롯이 들여다볼 수 있다.

내게는 두 아이의 엄마, 한 사람의 아내, 큰딸, 누나, 친구라는 주어진 역할, 작가와 유튜버(이보다 추후에는 더 증가할 것이다)라는 자아실현에 관한 역할이 있다. 따져보면, 그리 많은 역할도 아니건만 가끔 과부하에 걸려 번아웃이 오곤 한다. 그럼에도 불구하고 반드시 나는 혼자만의 시간 그리고 좋아하는 공간(이러한 시공간을 갖는 방법은 파트 4에 있다)을 가지려 최선을 다한다.

자신, 꿈과 도구에 대한 확신 + 혼자만의 시공간 = 드림 맵을 만드는 작업에서 완벽한 안전벨트다. 이제, 원하는 것들만 찾아 종이에 자유롭게 적으면 된다. 이것은 고독해 보이기도 하지만, 실로 인생을 바꿀 위대하고도 기쁜 작업이 되리라 확신한다.

1단계 : 당신이 진정으로 원하는 것 찾기

—

아무도 당신을 방해할 수 없는 시간 속에서 당신이 좋아하는 장소에 홀로 앉아있다면, 이제 진정으로 원하는 것들이 무엇인지를 찾기 위해 스스로에게 다음과 같은 질문들을 던져본다. 모든 질문 앞에는 당신의 이름을 다정하게 또는 자신 있게 불러보면서 시작해보자.

"지금 이 삶에서 네가 정말 이루고 싶은 것은 뭐야?"

"이번 생에 꼭 해보고 싶은 일들은 뭐니?"

"이번 생에 꼭 갖춰야 할 삶의 가치들은?"

"이번 생에 어떤 사람으로 살고 싶어?"

"이번 생에 꼭 갖고 싶은 것들은 뭐니?"

"이번 생에 꼭 ~을 같이 해 보고 싶은 사람들은 누구야?"

"이번 생에 꼭 살고 싶은 집이나 꾸며 보고 싶은 공간은 어떤 모습이니?"

"이번 생에 어떤 외모를 가졌으면 좋겠어?"

"이번 생에 어떤 사람과 같이 살고 싶어? 또는 같이 일하고 싶어?"

"이번 생에 어디를 가보고 싶어? 그곳에서 뭐 하고 싶은데?"

"이번 생에 어떤 음식을 먹고 싶어?"

"이번 생에 건강관리는? 운동은 어떤 것을 해볼래?"

"이번 생에 모으고픈 자산은?"

"이번 생에 타고픈 차는?"

위의 질문은 당신의 삶에 이루고픈 다양한 것들에 대한 구체적인 답을 이끈다. 삶의 원대한 목적부터 단순히 갖고 싶은 물건까지. 물질 위주의 목록보다 다양한 경험이 장기적인 행복에 도움이 되니, 이를 참고하길 바란다. 질문의 내용은 얼마든지 당신이 바꿀 수도 추가할 수도 있다. 만약, 질문에 대한 답이 잘 떠오르지 않아 막막하다면(처음에는 누구나 그렇다. 당연하다) 이렇게 하면 된다.

첫째, 질문을 던지면서 상상을 해본다. 내 인생이라는 영화의 감독이 되어 원하는 드림 라이프를 동영상 속 장면들이나 스냅 사진처럼 맘껏 떠올려보자. 마치 실제 상황인 것처럼 자신의 오감(시각, 촉각, 후각, 청각, 미각)을 모두 끌어올려 생생하게 구체적으로 떠올려보자. 이때 중요한 것은 원하는 것들을 누리면서 충만한 만족감, 감사함과 행복한 감정들을 느끼는 것이다.

둘째, 그런데 만약 원하는 삶의 모습을 떠올리는 것이 쉽지 않다면, 당신의 추억 중에 행복했던 순간, 스스로가 꽤 멋졌던 순간들을 꺼내어 떠올려보자. 첫 번째 방법이 미래로의 타임머신 타보기였다면, 이번에는 과거로의 타임머신 타기다. 당신의 과거 두근거림 속에서 진정 원했던 것들을 찾아보자. 어느새 잊고 있었던 또는 알고도 미뤄두었던 그 순간들이 바로 '원하는 삶' 그 자체다. 그 속에서 회색 말고 핑크빛 심장을 찾게 될 것이다. Texas A&M 졸업 디너에서 친구들과 아들과 같이 즐겁게 식사를 했던 일, 일요일 밤에 번뜩이는 커리큘럼 아이디어가 떠올랐던 적, 학원에서 학생들을 가르치던 강사 시절, 강릉에서 나 홀로 맞이했던 해돋이의 고요함, 가족들과 눈을 마주치며 깔깔깔 웃으면서 맛있는 음식을 먹을 때, 아장아장 걷다 길가에 떨어진 꽃잎을 주워주던 15개월 아들의 귀여웠던 손가락, "사랑해"라고 속삭이며 나를 꼭 안아주는 아들의 부드러운 머리칼, 딸이 함박웃음을 지으며 내게 다가올 때, 비숑 엘라와의 즐거운 교감 등이 있다. 그런 순간들을 떠올리면서 나는 연구와 학업을 통한 성취감, 가르치면서 느끼는 보람과 가족들과 함께하는 추억들의 중요함을 찾아냈다. 이러한 요소들을 최대한 많이 자주 누리는 삶이 내가 원하는 삶의 모습이 되는 것이다. 여기에 내가 좀 더 원하는 몇 가지 것들을 추가하면 된다.

이로써 드림 맵의 소재들을 거의 다 찾았다. 당신이 원하는 것(도덕적인 기준은 필요)이라면 무엇이든(남의 눈치는 무시), 꿈의 목록의 자격이 있다. 일괄적인 성공의 기준에 도달하는 것 또는 객관적으로 거창한 것만이 드림 맵의 소재는 아니다. 내가 원하는 삶과 행복했던 순간들을 떠올리면서 기분 좋은 콩닥거림이 있다면, 그것만으로 충분하다. 아니, 이것은 여러분이 진정 원하는 것이라는 완벽한 신호다.

솔직히, "당신의 꿈은 무엇인가요?"라는 질문에 1분 이내 명쾌하게 대답할 사람은 드물다. 아마도 평소 원하던 것들을 생각해 보지 못할 정도로 바쁘기만 한 일상 때문이리라. 우리의 꿈과 에너지들을 잡아먹은 그 때들을 벗겨내자. 당신의 순수한 마음 속을 들여다보고 자꾸 관찰하자. 진정으로 원하는 당신의 꿈은 생각보다 가까이에 있을 수 있다.

이제 원하는 것을 찾았다면, 당신의 현 상황을 분석해보자. 방법은 간단하다. 당신이 현재 주로 하고 있는 일들, 의무적으로 해야만 하는 일도 포함한 현재 일상에서 당신이 주로 하는 업무들을 적어본다. 그리고 그 옆에는 당신이 하고 싶은 일, 원하는 일들을 적어본다. 좋아하는 일과 꿈 서린 일들이 될 것이다. 이 단계는 현실과 이상의 괴리를 느껴 그리 달갑지 않을 수도, 피하고 싶을 수도 있다. 하지만 당신이 원하는 일상의 메이크업을 위해선 꼭 필요하다. '다음에 해야지' 하며 그냥 넘어갈까 봐, 페이지를 할애하여 여러분들을 위한 리스트를 만들어 놓았다. 여러분이 이 페이지를 통해 당장 액션을 취하고 나갈 수 있길 더없이 기원한다.

현실과 꿈이 마주하는 순간

꿈의 목록을 적어보면 알 수 있다. 진정으로 내가 원하는 것인지, 가족의 기대나 남들이 멋있다고 하는 그런 뻔한 성공의 기준인지 말이다. 이 기회를 통해 '사회적 눈치'와 '남 신경 쓰기'로 당신의 뜨거운 진심을 걸어 잠근 자물쇠를 풀자. 그래서 피상적인 드림 맵이 아닌, 당신을 실행하게 하는 리얼리티 드림 맵을 만들어 보자. 의미 있는 과정 하나하나 당신의 꿈을 찾고 누릴 수 있는 자유로운 향연이 되길 바란다. 1단계에서 중요한 것은

당신이 하고 있는 일	당신이 원하는 일
*	*
*	*
*	*
*	*
*	*
*	*
*	*
*	*
*	*
*	*
*	*
*	*

바로 이거다. 당신의 꿈의 차트가 당신의 진심에서 우러나와야
한다는 것!

2단계 :
방해물
제거하기

―

　드림 맵 만들기 2단계다. 1단계에서 '당신이 (현재) 하고 있는 일'과 '당신이 원하는 일'을 나란히 써봄으로써, 현실과 이상의 비교 작업을 해보았다. 2단계에서는 '데일리 리포트'를 써볼 것이다. '데일리 리포트'란 하루를 의미 있게 보내기 위해, 1시간 단위로 자신의 일과를 구체적으로 기록하는 것이다. 그러나 실제로 1시간 단위의 기록은 꽤 비효율적이다. 시간당 할 일을 구분 짓기도 애매하며, 1시간마다 하는 기록은 에너지와 시간 낭비다. 그래서 추천하는 데일리 리포트는 1개의 할 일을 하나의 덩어리로 나누어서 적는 거다.

2단계의 주요 목적은 '방해물 제거'다. 이는 원하는 것들이 많이 스며든 매일을 구성해보기 위함이다. 여기서 시간의 의미가 가장 중요하다. 하루 = 24시간은 모두에게 주어지는 공정한 선물이다. 재벌이든 빚이 있는 상황이든, 대기업의 촉망받는 인재든 취업준비생이든 모두에게 주어지는 시간은 똑같다. 게다가 공짜다. 시간이야말로 그 무엇과도 바꿀 수도 없으며 되돌릴 수도 없는 귀한 것이다. 자신의 시간을 어떠한 선택 속에 두고 배열하느냐 따라 원하는 삶 속에 있고 없고가 결정된다.

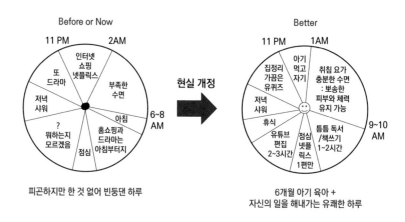

그래서 어떻게 시간 속에 원하는 것을 현명하게 담을 것인가? 여기에 실제 내가 실천해본 시간표 예시가 있다. 'Before or Now'라 명명한 왼쪽의 원형시간표는 기존의 나의 일상이었고,

오른쪽에 'Better'라고 명명한 원형시간표는 꿈을 흡수한 일상이다. 당신을 위한 시간표도 넣어보았다. 하는 방법은 간단하다. 왼쪽 원형시간표에 현재 일과를 채워본다. 그다음, 간단히 O, X 퀴즈를 즐겨보자. 하루 중 쓸데없는 곳에 소중한 시간과 에너지가 흘러나가는 것을 체크해 보는 거다. O는 중요한 일과 의미 있는 일상의 일부분(꼭 하고 싶은 일이 아니더라도 꼭 해야 하는 일들도 포함된다)이다. X는 일상에서 없어도 되는 부분, 쓸데없이 당신의 시간과 에너지가 소모되는 부분이다. X 부분을 제거하거나 최소한으로 줄이는 것이 포인트다.

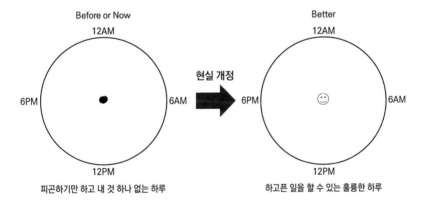

그런 다음, 'Better'라 명명한 당신의 두 번째 원형시간표에 X의 비중이 줄어들고(또는 제거), O의 비중이 커진 새로운 일과를

쓰자. O의 부분의 내용은 드림 맵 만들기 1단계에서 '당신이 원하는 일'을 미리 작성했기 때문에, 이를 쓰면 된다. 원형 타임테이블 안의 내용은 연필로 적으면 수정이 편하다.

　일상에서 에너지와 시간이 소모되는 부분을 제거하는 일은, 드림 맵을 만들 때 또는 어떠한 목적 달성을 위한 계획을 세울 때 많이 간과되거나 사소해 보이는 부분이지만, 꿈을 실천하는 삶의 순조로움을 위해 꼭 해야 하는 중요한 과정이다. 당신만의 아름다운 화단에 방해되는 잡초를 뽑는 것과도 같다. 정리 전문가들은 의뢰인의 라이프 스타일을 분석한 다음, 옷장, 책장, 신발장, 부엌장 등 쓰지 않는 것들을 버리는 작업 순으로 진행한다. 그렇게 생긴 빈 공간에 의뢰인이 자주 쓰는 아이템들을 보기 좋고 사용하기 편하게 진열한다. 드림 맵을 만드는 2단계에서 X를 없애는 작업은, 물건 정리 시 쓸데없는 것들을 비우는 것과 같다. 이는 당신이 원하는 일, 꿈과 연관된 작업을 원활히 진행할 수 있도록 하는 여백을 제공하며, 당신의 에너지와 시간이 원대한 목적에 전념할 수 있게 하는 바탕 작업이다. 하고 있는 일 중에서 당신의 소중한 시간과 에너지를 소모케 하는 일들, X를 적어보고 이를 없애거나 줄일 수 있는 방안을 다음 표에 적어보자.

X=에너지와 시간이 소모되는 일들	X를 줄이기 또는 없애기 위한 방안들

전업주부의 내 시간 만들기

11년 차 주부인 나는 깨달은 바가 있다. (어이없게도) 집안일은 너무 열심히 하면 안 된다는 거다. 나만의 규칙은 하루에 3~4시간 이상 집안일 하지 않기다. 처음에는 나도 하루 종일 쓸고 닦으며 집안일에 얽매여 있었다. 남편의 부탁인 자질구레한 심부름을 하거나, 매일 마트에서 장을 보고 2시간 동안 저녁 준비를 하던 시절이었다. 하지만 몇 달도 채 안 되어 '나는 뭐 하고 있지?' 내 것 하나 없는 하루살이의 삶을 살고 있는 것 같아 내 자신이 한심스러웠다.

　점점 자존감이 낮아지는 나를 보며 변화가 필요하다고 생각했다. 그래서 나는 하루 3시간을 리밋으로 정하는 법칙을 세우게 되었다. 무언가 나를 위한 시간이 우선은 있어야겠다는 절실함에서 나온 발상이었다. 아침마다 나를 붙잡는 옆 동 아들 친구 엄마의 수다가 일주일에 1번은 즐거웠어도, 매일은 그렇지 않았으며, 갑자기 연락해서 만나는 학부모 모임도 매주가 아닌 한 학기에 한 번이었으면 했다.

　나의 예전 일과표(Before or Now)를 보면, 인터넷 쇼핑과 넷플릭스 중독 패턴의 반복이었다. 새벽 2시쯤 자고 아침 식사를 위해 8시에 일어난다. 오전에는 피곤한 상태로 비몽사몽이다. 그렇게 오전을 흘려보내다, 점심을 먹고 오후 또한 그냥저냥 보낸다. 저녁을 차리고 설거지와 샤워를 마치고 나서 9시에 드라마를 본다. 아이가 10시쯤 자면, 또 혼자 "야호"를 외치면서 넷플릭스 삼매경이거나 여기저기 인터넷 쇼핑몰들을 전전한다. 악순환의 연속이었다. 이렇게 몇 달을 보내다, 내 꿈들의 목적과 목표들을 적으면서 다시 나 자신을 일으켜 세우기 시작했다. 하루 1시간(목표한 일을 끝낸 후의 보상) 이하로 드라마 보기를 한정 지음으로써, 중독보다는 건강한 취미처럼 즐길 수 있는 삶을 택했다. 넷플릭스와 홈쇼핑으로 향했던 시간들을 의식하면서 줄이니, 내가 하고 싶은 일을 할 수 있는 시간이 저절로 생겼다. 그곳에 나는 책 쓰기와 유튜브 작업하기를 배치할 수 있었다.

새로운 일과표 작성에서 '선(先)은 목적과 연관 있는 일, 후(後) 처리해야 일 또는 보상타임'으로 세팅하자, 중요한 일(당신의 원대한 목적과 연관 있는 일)을 반드시 먼저 하게 되었다. 그리고 보상타임의 활동들도 좀 더 영양가 있는 것들로 세팅한다. 예를 들면, 나는 정처 없이 소파에서 TV 리모콘이나 핸드폰만 만지작거리며 빈둥거렸던 습관을 버리고, 건강한 습관을 일상 속에 셋업했다. 할 일을 끝낸 후 40분 이하의 미드(영어공부) 1편만 보거나 커피를 마시며 책 읽는 시간을 갖거나, 살고픈 아파트 앞 공원으로 산책을 간다. 내 맘대로 명명한 '뉴요커 산책'은 힐링(꽃, 나무, 하늘의 자연과 함께했을 때의 당연한 효과) + 영감 떠오르기 + 걷기 운동이라는 일석삼조의 효과가 있다. 단순히 처음에는 유명했던 사람들은 산책이 취미라는 수많은 자기계발서에서 읽은 적이 있어 따라 해본 것이었다. 역시나 다 이유가 있었다.

집안일을 싫어하는 주부로서 '집안일을 어떻게 쉽고 빠르게 해결할까?'는 나의 오랜 고민이자 숙제다. '미니멀 집안일'이라는 콘텐츠를 내 유튜브 채널에 가끔 올리기도 한다. 초보 유튜버로서 구독자가 150명 조금 넘는 소형 채널이지만, 모 메인 방송국에서 출연 제의 연락을 받기도 했으니 나만 이런 고민을 하는 건 아닌 듯하다. 나는 우선 저녁 준비를 시작하는 오후 5:30~7:30쯤 2시간 동안 빨래, 설거지, 저녁 요리까지 몰아서 해결한다. 36개월 무이자 할부로 건조기, 식기세척기, 음식물처리기 3종 세트를 구매했다. 이로써, 하루에 2시간 이상의 나만의 시간과 하고픈 일에 집중할 수 있는 에너지도 생겼다. 결론적으로 나는 이러한 나만의 시스템을 이용해 책을 쓰면서 이렇게 여러분들을 만나고 있으며, 유튜버로서 '자기계발'과 '수학교육'에 관한 콘텐츠를 올리기 시작하면서 성장해가고 있는 기쁨을 누리고 있다. 이 두 가지 활동으로 나만의 커리큘럼과 콘텐츠 계발을 하고 있다.

각자의 상황에 맞춰 하기 싫은 일에 쓰는 시간과 에너지를 줄일 방법은 생각해보면 얼마든지 있다. 만약 와이셔츠 다리는 일이 싫다면, 기존 셔츠들을 주름이 덜 가는 이지케어 소재들로 대체하거나 장당 990원 세탁소에 맡긴다. 이는 커피를 테이크아웃 하는 횟수를 1주일에 1~2회만 줄여도 충분하다. 이렇게까지 해야 하나 싶지만, 별것 아닌 것들이 소중한 시간과 에너지를 뺏어가고 있음을, 데일리 리포트 기록을 통해 알게 될 것이다.

당신의 시간은 어느 곳으로 흘러가고 있는가? 위의 시간표 작업을 통해 스스로가 생각보다 대견해질 수도, 또는 자신이 한심해져서 혀를 끌끌 찰 수도 있겠다. 개선이 절실했던 나의 현실을 마주하던 순간 너무도 부끄러워졌다. 그러다 꿈을 다시 써보니, 일상에서 당장 시작해야 할 일들이 명확해졌다. 스스로 변화에 대한 필요를 느꼈다면 오히려 다행이다. 당신 앞에 멋진 변화가 기다리고 있기 때문이다.

내 시간의 방향성 = 인생의 방향

당신의 (자존감을 포함한) 행복지수와 성공지수는 '당신의 시간이 어디로 향하고 있는가?'로부터 나온다. 나는 확신한다. 내 것 하나 없던 전업주부에서 꿈으로 한 발짝 가고 있는 '렐라(하고 싶은 일을 매일 할 수 있는 주도적인 여자를 지칭하는 말 in 내 사전)'로 살고 있는 경험자로서 말이다. 삶이란 배에서 키를 움켜쥐어, 당신의 하루 24시간을 주도하는 삶을 시작해보자. 이로써 꿈만 꾸는 한량 말고 인생이라는 무대에서 주인공이 되어 보는 거다.

3단계 :
연간 목표에서
하루의
목표까지

—

개요 작성하기

A5 노트 한 권 또는 A4 6장 정도가 필요하다. 낱장의 종이보다 기록노트 한 권을 더욱 추천한다. 드림 맵과 기록노트의 콜라보레이션은 환상적이다. 3단계에서 기록노트는 개요를 쓰는 용도 외에, 드림맵을 다 만든 후에도 다양한 활용(파트 4 기록 편)이 가능하다. 누구나 몸의 불편함을 느끼면 병원에 가서 의사에게 먼저 진료를 받는다. 이처럼 삶의 불편함 또는 좀 더 나은 삶으로의 포부를 가진 우리는 앞 1~2단계를 통해 삶의 전반적인 진

단을 마쳤다. 3단계를 통해 원하는 삶을 이루기 위한 청사진을 그려보자.

A5 노트(또는 종이, 앞으로 노트에 관한 언급에 종이를 사용하시는 분은 종이로 이해하시면 된다. 종이를 이용한다면 단면 작성을 권한다) 기준 앞부분에는 당신의 이번 삶에서 가장 이루고픈 원대한 목표들(1단계 '당신이 진정으로 원하는 것 찾기'에서 제시했던 질문들 중, 특히 1~4번의 답)을 적는다. 무작정 적는 것보다 우선순위를 매겨보는 것이 중요하다. 중요도가 매겨짐에 따라 후에 실행을 위한 액션 플랜을 짜기도 쉽고, 당신이 보내야 할 하루도 명확해진다. 중구난방식의 실천보다 선택과 집중이 이루어져야 효율적이며, 실현 가능성도 높아지기 때문이다. 자신의 삶의 가치(파트 4 마지막 부분에 가치에 대해 자세히 설명한다)와 부합되는지도 체크하면 좋다.

드림 맵의 개요 예시

〈원하는 삶 & 꿈의 목록〉	〈버킷리스트〉
1. 베스트셀러 작가 2. 자유롭게 강의와 글을 쓰는 노마드적 삶 3. 사랑하는 가족들과 함께 하는 세계 곳곳을 누비는 삶 4. 수학 커리큘럼 만들며, 강의하기 5. 연봉 10억 & 경제적 자유	1. 하와이(마우이) 한 달 살며, 서핑하고 글쓰기 2. 가족과 스위스, 프랑스, 스페인, 미국, 캐나다, 호주 여행하기 3. 패러글라이딩 4. 내가 번 돈으로 나를 위한 컨버터블과 샤넬백 선물 5. 일러스트 전시회

; 이러한 개요는 쓰고 있는 저널(다이어리) 맨 앞 부분에 써놓기도 한다.

다음은 버킷리스트다. 이 리스트는 이번 생에 이루고픈 일들이라기보다 단순히 해 보고픈 감성 충만한 것들이다. 예시로 제시한 원대한 꿈의 목록과 오른쪽의 버킷리스트를 보면 이해가 쉬울 것이다. 당신만의 버킷리스트는 반드시 필요하다. 이는 당신의 삶이 더욱 풍요로워지게 하고, 잃어가는 호기심을 되찾게 해준다. 무기력함과 권태로움이 찾아올 때 방패막이 되어 줄 것이다. 예전의 나의 버킷리스트는 주로 물건을 갖는 것이었지만, 지금은 경험에 관한 리스트가 증가하고 있다. 소유에서 오는 들썩거림은 아름다운 추억의 위대함을 따라오지 못한다. 리스트를 마음껏 적되, 물질적인 것과 경험적인 것을 적절히 조합하길 추천한다.

다음 페이지에는 당신의 큰 꿈에서 당신을 지칭하는 말(나는 코칭, 작가, 강사, 크리에이터 등의 명칭을 붙여주었다. 구체적일수록 좋다)도 써보고, 긍정 확언을 쏟아 적어보자. 확언은 본선 경기 입장 전의 나를 향한 응원과도 같다. 이미 이루어진 것처럼 또는 진행 중인 것처럼 "~된다. ~느낀다. ~하다. ~이루어진다. ~하고 있습니다. ~합니다." 식의 현재진행형으로 써보자. 소원을 빌 때처럼 "~했으면 좋겠다. ~하고 싶다. ~되고 싶다." 등의 표현은 피하자. 이런 표현은 이루고 싶고 갖고 싶지만, 막상 실현이 안 된 상태가 내포되어 있다. 머리와 마음에 새겨지는 확언은 실제로 이루어지지 않은 것도 우리의 뇌가 믿게 하는 힘이 있다.

인간관계, 재정적인 부분에 관한 무엇이든, 당신이 원하는 꿈들을 확언으로 확실시할 수 있다. 그리고 확언의 문장들에 따옴표(대화 문장 부호)를 붙여보자. 이는 자신에게 외치는 리얼한 생방송이자 선서 같은 다짐처럼 느껴져 더욱더 효과적이다. 멋진 문장을 만들기 위해 며칠, 몇 시간을 보내지 말고 그냥 끌리는 것으로 지금 만들자. '완벽'보다는 '지금 당장' 해보는 것이 훨씬 나으니까. 당신에게 힘과 용기를 주는 것이라면, 무엇이든 완벽한 긍정 확언이다. 이 확언들은 나중에 드림 맵 이미지들의 중간중간에 써 붙일 때 쓸 수도 있다. 반복된 확언도 상관없다. 많이 적을수록, 겹칠수록 그만큼 당시의 꿈이 간절하다는 증거이며, 꿈을 이루게 하는 주문은 더욱 강력해진다.

3년의 목표로부터 하루의 할 일 만들기

이젠 원대한 목표들을 잘게 쪼개서 당신의 매일에 집어넣는 작업이다. 당신은 지금 확언 다음 페이지로 넘겼다. 이곳에 앞으로 3년에서 5년 동안 당신이 이룰 목표들을 적어본다. 기간은 5년 이내가 좋다. 너무 오랜 시간이 걸리는 목표는 추진력이 떨

어진다. 예를 들어, 당신의 원대한 꿈(최종점)이 '100억 자산가'
라면, 1억~10억 모으기가 3~5년 뒤 목표가 될 수 있다. 또는 큰
목표가 외국어 4개를 마스터하는 것이라면, 우선 '영어 또는 다
른 제2외국어 하나를 마스터하는 것'이 3~5년의 목표가 될 수
있다. 반드시 목표를 구체적이고 명확하게 적자. 단순히 "외국어
를 마스터하겠다"보다 "나는 영어와 스페인어를 3년 안에 마스
터하겠다. 메일을 쓰고, 소설책을 읽으며 여행을 갈 수 있을 실
력까지 쌓겠다"는 식으로 말이다. 여행에 대한 꿈을 적을 때도
단순히 "여행을 해마다 간다"보다 "외국의 10개 도시를 5년 동
안 여행하겠다"는 식으로 적는다. 나아가 갈 도시와 국가들의 명
칭, 같이 갈 사람들과 갈 날짜까지 적어본다(세부사항은 얼마든지
수정이 가능하니, 지금 떠오르는 대로 써보자).

　이제 그다음 페이지는 1년의 목표들이다. 1월 1일만 날이 아
니다. 바로 지금부터가 당신의 1년 목표 시작이다. 당신의 3~5
년의 목표를 이루기 위한 지금부터의 365일 계획인 셈이다. 4년
간 2억 모으기가 목표였다면, 우선 첫해는 2,000만 원(훨씬 적은
금액도 좋다) 모으기로 시작한다. 이때 1년의 목표는 3~5년의 목
표를 정확히 3등분 or 5등분 하는 것보다 적게 잡는 것을 추천
한다. 2가지 이유가 있는데, 하나는 초반부에 성취하기 쉬운 성
공의 경험은 끝까지 갈 수 있는 동기부여가 되기 때문이며, 다른

하나는 실행하는 자에게는 여러 번의 시도 끝에 노하우가 생겨 점점 가속도가 붙기 때문이다. 그러면서 초반부보다 훨씬 더 높은 목표를 짧은 기간에 쉽게 도달할 수 있다.

1년의 목표는 1가지 또는 4가지 이상일 수도 있다. 이 부분에 대해서도 철저한 숙고의 과정을 거쳐야 한다. 추천하는 방법은 여러 개를 동시에 같이 시작하는 것보다, 첫 번째(가장 자신에게 중요한) 목표를 우선 실천하면서 어느 정도 성과와 숙련(이에 대한 기준도 당신의 몫이나, 가시적인 성과 또는 수치적인 성과가 있어야 한다)이 된 상태에서 2번째를 시작해보는 거다. 나 같은 경우 책 쓰기에 대한 기본적인 집필 방법을 알아보고 어떤 책을 쓸 것인가에 대한 기획서를 작성하고 나서 홀로 A4 130페이지 정도의 초고를 몇 달간 마무리해보고 100개 정도의 출판사들에 문을 두드려보고 나서, 좋은 출판사를 만나 계약을 할 수 있었다. 그 시점이 되고 나서 유튜버로 새로운 도전을 시작했다. 내가 제시하는 모든 것이 정답은 아닐 것이다. 하지만 혼자 수많은 삽질과 실패들 속에서 깨달은 지혜들을 온 마음을 다해 전한다.

12개월의 계획이 완성되었다면, 이제는 3~4개월의 프로젝트를 기획하자. 이전에 우리는 왜 꿈을 이루기 위해 프로젝트를 기획해야 할까? 여기서부터 액션 플랜으로써, 실천을 위한 구체적인 계획이 되어야 하기 때문이다. 꿈을 찾아 기록하고 드림 맵을 완성한들, 예전의 일상을 그대로 유지한다면 맵 속의 꿈들이 저절로 당신의 삶에 안착하는 일은 결코 없을 것이다. 액션 플랜은 치밀해야 한다. 당신의 일상을 구체적인 실행으로 이끄는 현실적이고도 혁신적인 도구가 돼주어야 한다. 이것은 1년의 덩어리 안에서 세부적으로 목표를 진행해가는 순차적인 계획이다. 단위 쪼개기는 3개월이 아니더라도 4개월 혹은 6개월도 가능하지만, 이 또한 너무 길게 잡지 말자. 단거리 스퍼트보다 장거리 마라톤이 훨씬 더 힘들다. 큰 목표를 잘게 쪼개, 만만해 보이는 프로젝트들로 만들어 보자. 프로젝트에 이름도 멋지게 붙여보자.

계획은 멋진 결과물에 도달하기 위한 실행의 성공을 돕는 이정표일 뿐이다. 실행이 있어야 프로젝트의 임무 완수, 즉 목표 달성이 가능하다. 이제는 당신만의 프로젝트명 아래, 실천하는 매일을 위한 액션 플랜을 좀 더 구체화해보자. 전체 계획표의 순서를 정리해보면, 3~5년의 목표 → 1년의 목표 → 3개월(몇 주, 또는 1~4개월) → 액션 플랜(1달-1주-1일) 순으로 쪼개기다. 여기서 액션 플랜은 매달, 매주, 매일의 할 일이 들어간다. 일의 덩어리마다 완수해야 하는 기한을 정확히 설정하자. 마감 자체는 스트레스를 일으킨다. 하지만 이것이 없으면 미루기 또는 포기가 쉬워진다. 삶에 주어진 시간은 유한하며, 나아가는 진행과 발전을 위해서는 꼭 기준이 되는 기한은 필수다. 대신 너무 타이트하게 또는 이상적인 기준으로 기한을 잡지는 말자. 생각보다 약간 은 여유롭게다. 여유 기간은 왜 필요할까? 갑자기 예상치 못한 상황들(또는 급히 처리해야 할 일)이 발생하기도 하고, 막상 실천 했을 때 당신의 상상보다 실제로 일의 진행 속도는 약간은 더딜 확률이 높다. 이를 바탕으로 프로젝트에서 1달의 목표량을 세 운다. 그리고 한 주의 목표를 위해 이를 4등분 하는 것이 아닌, 3 또는 3.5등분하면 1주일 동안 할 일의 분량과 목표가 정해진다. 이를 기준으로 또한 하루의 할 일과 일정이 정해진다.

이해가 쉽도록 〈드림 맵 출판 프로젝트〉를 예로 들어본다. 2 달 동안(출판사와 상의 후, 정확히 9~10주였다) 기존 원고를 다시 수정하고 쓰기로 했다. 그것을 기준으로 내 책의 1파트부터 4파 트까지 각 파트마다 끝내야 할 기한을 정한다. 고치거나 보충할 부분이 많은 곳은 걸리는 시간을 많이 잡는다. 그다음 1주간 내 가 해야 할 것들을 정한다. 그것을 기준으로 내가 해야 할 일의 분량을 정한다. 대충 정하지 않는다. 반드시 '(나의 경우) 하루에 몇 페이지 끝낸다. ~까지 다 정리한다.' 식으로 정확히 기입하고 지키도록 한다. 여유 기간을 넣어 일주일의 작업 분량은 7일이 아닌, 5일로 잡았다. 이것을 기준으로 하루에 일해야 할 부분, 작 업량과 필요한 작업 시간도 결정된다. 수치적이고, 가시적인 정 확한 할당량이 있어야 한다. 여유 기간이 필요한 예로, 실제 나는 일하는 중, 발과 다리가 코끼리처럼 퉁퉁 부어 며칠간 작업을 순조롭게 진행하지 못하기도, 2달간 이웃집 리모델링 공사 소음으로 재택근무가 어려워져 장소를 찾느라 시간을 허비한 적도, 글을 쓰다 자료를 추가적으로 조사하기 위한 시간이 필요했다. 하루하루 빽빽한 일정으로 가득 채우지는 말자. 이는 스스로를 너무 옭아매어 스트레스를 가중시키고 일의 성취의욕을 없애거나 원하던 기간에 끝내지 못함을 자책할 수 있다.

　여기서 팁! 프로젝트 실행 중, 과정과 결과분석은 하면서 나아가자. 학창시절의 오답노트처럼 말이다. 기존에 세운 계획대로 무조건 계속 될 때까지 실천하는 끈기도 물론 좋다. 하지만 중간 결과물에 대해 '좀 더 효율적으로 할 수 없을까?' 하는 연구와 개선이 필요하다. 이렇게 꿈을 이루기 위한 노력은 무조건적인 열심이 아닌 지혜롭게다. 또한 당신이 해낸 업적들을 반드시 기록해가면서 스스로를 격려하고 칭찬하면서 나아가자. 나는 매일 내가 마무리 지은 일들에 색칠을 한다. 아무리 사소할 일들이라도 말이다. 이는 매일 나아가는 동기부여가 되며, 하루의 소중함을 다시금 느끼게 해준다. 때론 당신의 프로젝트가 원하던 결과를 이룰 수 없을 수도 있으며, 프로젝트를 중도 하차 또는 다른 방향을 바꿔야 할 때도 있다. 당신이 애써 용기를 낸 시도들이 실패로만 다가올 때도 있다. 하지만 좌절할 필요는 없다. 그러한 경험들이 쌓여 기필코 기쁜 성공을 누릴 것이기 때문이다.

이제, 당신의 개요를 이곳에 적어보자!

3~5년의 목표

#꼭 이루고픈 커리어 부분 (자신이 가장 이루고픈 중점적인 부분에 관하여)

1. _____

2. _____

3. _____

#멋진 Life ex) 사랑하는 사람들과 여행, 나만의 드림카 또는 나를 위한 명품 플렉스

4. _____

5. _____

6. _____

성장한 자신의 모습 또는 그를 위한 자신의 실천사항

7. _____

8. _____

(지금으로부터) 1년의 목표

; 위의 3~5년의 목표를 토대로 앞으로 1년간 당신이 이루어 갈 성취 목표들을 적는다.

1. _____

2. _____

3. _____

4. _____

5. _____

6. _____

7. _____

8. _____

프로젝트 계획 (1개월~4개월 : 기간은 내 맘대로)

1. _____

2. _____

3. _____

4. _____

1달의 목표

; 프로젝트 계획을 토대로 1달 동안 자신이 해야 할 일과 성취목적이 생겼다!

1. _____

2. _____

3. _____

4. _____

1주의 목표

; 1달의 목표를 토대로 1주간 당신만의 액션 플랜들을 이곳에 적는다.

1. _____

2. _____

3. _____

하루의 할 일

; 1주의 목표를 토대로 오늘 당장 해야 할 일을 이곳에 적고, 실천해보자!

1. _____

2. _____

3. _____

4단계:
가장 원대한
목표를 찾아서,
이미지 찾기

———

드디어 당신의 꿈이 담긴 이미지를 찾는 단계다. 막상 이미지 수십 장을 골라야 함에 귀찮을 수 있지만 장담컨대 사진들을 보다 보면 꿈꾸던 삶을 마주침에 기분이 좋아지고, 더 찾고 싶은 의욕도 생길 것이다. 수백 개의 비슷한 이미지 중 골라야 할 이미지나 컬렉션(배열방법)에 관한 노하우는 이 글의 후반부에 있다. 우선, 이미지를 찾는 일련의 과정을 보자.

먼저 당신을 설레게 하는 이미지는 어디서 찾을까? 오프라인과 온라인으로 이 두 가지 방법이 있다. 오프라인에서 가장 쉽게 닿는 것은 잡지다. 나는 평소 워낙 패션 잡지를 즐겨 사는 터라,

10권 정도는 늘 있다. 그러나 잡지가 없을 경우에는 헌책방이나, 지인 찬스를 써도 좋다. 몇 년이 지난 잡지도 얼마든지 활용 가능하다. 여행에 관한 이미지는 여행사 사무실에 있는 여러 나라의 무료 카탈로그를 가져오면 된다. 나는 마트 에스컬레이터 옆에 있는 여행사 코너의 책자들을 가져오곤 한다. 책자를 실제 보면서 여행 장소나 자금도 미리 알아둘 수 있고, 여행사는 홍보도 할 수 있으니 서로 좋다고 본다.

잡지 활용은 직접적으로 작업(찾고, 오리고)할 수 있다는 장점도 있지만 단점도 있다. 시중 판매되는 잡지는 주로 패션, 뷰티또는 인테리어 위주다. 그래서 갖고 싶은 명품 또는 멋진 집들의 사진은 찾기 쉽지만 학업과 전문 분야의 성취와 관한 구체적인 이미지는 찾기 어렵다. 그럴 땐 온라인에서 이미지들을 찾아보자. 검색어로 찾기 때문에 적절한 이미지를 찾는 데 잡지보다 시간이 절약된다. 하지만 온라인으로 이미지 찾기는 프린트가 필요하다. 나는 핀터레스트(pinterest) 또는 칸바(canva)에서 검색을 하고 이미지들을 모은다. 핀터레스트 사이트는 영어로 검색한다. 영어 단어가 떠오르지 않을 때는 네이버 사전으로 찾아보자. 나는 이번에 'Author, Bestseller' 등을 검색하여 원하는 사진을 찾았다. 꼭 원하는 맞춤형 사진을 만들고 싶다면 손쉽게 제작도 가능하다. 예를 들어, 원하는 금액의 수표는 기존 수표 사진을 포토샵으로 작업을 하거나, 프린트하여 그 위에 써도 된다. 학위가 목표라면 학교 졸업식 사진에 원하는 대학 로고와 자신의 얼굴을 붙여도 된다.

온라인 검색을 통해 찾은 이미지들은 컴퓨터에 만들어 놓은 지정 폴더에 모아놓고 프린트하면 된다. 만족스러운 퀄리티를 위해 사진인화 용지 사용을 추천한다. 프린트 설정에서 용지 종류 선택(사진 인화 용지도 광택 또는 무광택 선택도 가능)을 하고, 이미지들을 4장 또는 9장 정도(사진 크기는 개인의 취향이다. 자신의 드림 맵 배경지 크기 고려)가 A4 한 장에 배열되도록 설정하고 프린트한다. 이러면 종이를 효율적으로 쓸 수 있다. 한 번에 필요한 꿈의 이미지들을 다 찾으면 좋다. 미룰수록 열정이 식으며, 시간과 에너지 면에서 오히려 비효율적이다. 나는 2~3시간 정도 걸린 듯하다. 그러나 이런 몰입 작업이 부담스럽다면, 잠시 짬을 내어 사진들을 찾아서 한 곳(박스)에 넣어놓고 어느 정도 모이면 드림 맵 작업을 진행해도 좋다.

자, 마음에 드는 수많은 이미지가 눈앞에 있으나, 무엇을 골라 어떻게 배열해야 좋을까? 같은 브랜드에서도 어떤 옷들을 마네킹에 코디하고, 행거에 어떻게 진열하는지에 따라 지점마다 매출이 천차만별이라고 한다. 효과적인 드림 맵을 위한 이미지 고르는 법과 배열에 대한 팁 5가지다.

첫째, 당신이 성취하고픈 결과가 최대한 디테일하게 담긴 이미지를 찾자. 또한 꿈을 이루는 구체적인 과정(자신이 기획한 프로젝트를 참고)에 관한 이미지도 찾자. 당신의 검색어와 연관되었다고 무조건 오리지 말자. 마냥 예쁜 사진 컬렉션이 아니다. 꿈을 이루는 과정과 결과가 생생하게 느껴져야 한다. 이 정도까지? 할 정도로 구체적이어야 한다. 생생함이 느껴지는 액티브한 사진일수록 좋다. 예를 들면, 많은 사람 앞에서 멋지게 프레젠테이션하고 있는 모습이나, 연구나 학업적인 해당 분야에 실제 연구에 임하고 있는 장면들처럼 말이다. 그 이상적인 상황 속에 있는 주변 환경과 연관된 사진도 찾자. 일하고 싶은 사무실이나 갖고 싶은 나만의 작업실 인테리어처럼 말이다. 만약 아름다운 몸매와 건강을 지키는 것이 당신의 목표라면, 구체적인 신체 사이즈와 체지방 지수 그리고 실제로 행할 구체적인 방법들의 목표가 있을 것이다. 워너비 몸매의 사진이 있는 최종 목표 사진과 더불어 직접 실천할 운동(요가, 피트니스, 필라테스, 발레 등 명확한 종류)을 하고 있는 사진, 멋진 운동복(운동 종류에 따라 옷도 다르다) 사진, 실천할 식단표나 식단 그림의 예시 사진 등의 이미지들이 필요하다.

둘째, 인물 사진에 대한 팁이다. 당신의 멘토가 꿈과 연관된 어떤 액션을 하고 있는 사진이라면 퍼펙트다. 나의 경우는 베스트셀러 작가가 글을 쓰고, 강의하는 모습이 드림 맵을 위해 고른 이미지다. 또는 많은 사람 앞에서 강의하는 모습에서 강사 얼굴 부분을 살짝 내 얼굴로 붙여본다. 꿈꾸는 일상에 당신이 좋아하는 스타나 자신의 얼굴이 있다면, 완성된 드림 맵은 당신을 더욱 설레게 함이 확실하다. 동시에 이미 내가 그렇게 된 듯한 느낌도 갖게 된다. 이는 나아가 당신을 용감하게 계속 나아가게 하는 원동력이 된다. "멋진 아들과 엄마"의 모습도 나의 워너비 중 하나다. 네 아이의 엄마지만, 언제나 섹시한 빅토리아 베컴이 좋다. 멋지게 차려입고 아들 손을 잡고 걸어가는 모습의 사진이 내 드림 맵 위에 있다. 그녀는 자신의 의류와 뷰티 사업을 성공적으로 운영해내는 커리어 우먼이기도 하다. 항상 유지되는 그녀의 몸매와 더불어 자신감 넘치고 당당한 그녀만의 애티튜드가 멋지다. 당신이 닮고 싶은, 되고 싶은 사람은 누구인가?

셋째, 모은 이미지들을 분류, 배열하여 붙이자. 커리어 또는 성취 부분(Career/Achievement)과 개인적인 일상 부분으로 나누어 보자. 이 두 분야를 편의상 '성취'와 '라이프'로 부르겠다. 이 두 분야에 대한 내용은 개인마다 다르겠지만, 예를 들어, '성취' 부분은 100억대 자산가, 연봉 1억의 전문가, 사업 매출의 100억 달성, 자격증이나 시험 합격이 될 수도 있고 또는 자기계발(외국어, 독서목표, 다이어트 등)이 될 수도 있겠다. '라이프' 부분은 이상적인 개인적인 일상의 모습이다. 누리고 싶은 경험들, 원하는 인간관계의 모습, 가고 싶은 여행지, 살고 싶은 집, 가족과의 일상, 주말 스케줄 등이 있다. 분류 기준은 철저히 당신의 선택이다. 단, 중구난방 식의 이미지 배열보다 분류하여 배열해볼 것을 추천한다. 나의 경우는 '성취' 부분에서 작가에 관련된 이미지 외에도 좋아하는 수학 강사가 강의하는 모습과 만들고픈 교재 관련 이미지도 있다. 교육과 자기계발 분야에서도 다양한 곳에서 강의하고픈 꿈도 있기에, 어떤 프로그램을 진행하는 듯한 MC의 사진과 TED 강연장 모습도 있다. '라이프' 부분은 언급했던 워너비 엄마 모습 외에도, 다시 또 가고픈 샌프란시스코, 섹시한 블루의 컨버터블 카 사진과 멋진 뷰 아파트가 있다. 당신이 꿈꾸는 일상은 어떠한 모습인가?

넷째, 꿈들이 포함되는 그룹(물건의 소유 : 가치 있는 일의 성취)에 대한 비율을 체크해보자. 소유에 관한 꿈이 100%를 차지한다면 장기적으로 의미 있는 드림 맵이 될 수 없다. 원하는 물건에 대한 소유가 꿈이라는 게 결코 잘못은 아니다. 명품 카, 가방 또는 멋진 집이 강력한 동기부여가 될 수 있으며, 그동안 애쓴 자신이라면 받을 자격이 충분하다. 하지만 그것이 최종 목적이 된다면 공허할 것이다. 사랑하는 사람들과의 다양한 경험과 자아실현의 소중함을 기쁘게 간직하는 삶이야말로 진정한 위너다.

여러분의 삶에서 진정 가치 있는 일은 무엇인가?

다섯째, 마지막 팁이다. 붙이는 과정에서 비슷한 사진이 반복되어도 된다. 명배우의 명대사라도, 계속 반복된다면 지겹다. 그러나 드림 맵은 오로지 내 자신을 위한 거다. 내 꿈에 대한 집착 그리고 그것을 누릴 자격이 충분하다는 스스로에 대한 자백은 이럴 때만큼은 유익하다. 그러함에 당신의 꿈이 꼭 이루어지는 확률과 속도는 커질 테니까.

5단계 :
당신만의
드림 맵
만들기

—

이미지를 다 모았으니, 그것을 멋지게 장착할 당신만의 프리보드, 배경지가 필요하다. A3 크기 또는 A1, A2 크기의 종이들을 넉넉히 2~6장 정도 준비하면 된다. 기존 보물지도에서 많이 사용하는 코르크판은 압정으로 고정하기에 핀이 떨어지거나 분실 시 당신, 아이들 또는 반려동물에게 위험할 수 있어 추천하지 않는다. A1만 구매해서 그대로 또는 1/2이나 1/4 크기로 접어 활용하면 여러 크기의 드림 맵을 만들 수 있다. 배경의 크기는 선택사항이다. 클수록 이미지들을 맘껏 붙일 수 있는 자유가 있으며, 작은 사이즈는 추후 부착과 이동이 편하다. 종이가 아니어도 좋다. 자석으로 부착이 자유로운 마그네틱 보드판도 매우 유용하다.

실제 종이와 마그네틱 보드판을 사용하여 드림 맵을 만들고 활용해 본 결과, 그 장단점을 솔직히 적어본다. 종이를 사용하면 가볍고 직접적으로 만들어 보는 재미가 있다. 게다가 만드는 비용이 자석 보드판보다 부담스럽지 않아 좋다. 드림 맵을 새롭게 리뉴얼할 때 기존 드림 맵은 그대로 보관할 수 있다는 장점이 있다. 하지만 풀 또는 테이프로 사진들을 부착하므로, 배치에 신중을 기해야 하고 수정 시 번거롭다. 마그네틱 보드를 이용하면, 배치와 수정이 편리하며, 완성 후 벽에 고정했을 때, 종이보다 고급스럽고 깔끔한 인테리어 기능도 있다. 또한 새로운 드림 맵을 만들 때 보드판을 다시 활용할 수 있다. 이미지를 고정할 때 자석으로 붙여도 되지만, 테이프를 한 바퀴 돌려 말아 사진 뒷면에 붙이면 깔끔하게 붙일 수 있다. 부피가 크고 이미지들 고정이 완벽하지 않아, 기존 드림 맵 보관이 안 되는 단점은 있지만, 이에 대한 해결책으로 기존 맵을 사진으로 찍어 보관하면 된다. 드림 맵의 보관에 관한 이야기를 하는 이유는 만들어 놓은 드림 맵을 내리고, 다시 (몇 개월 또는 1년 뒤) 새로운 드림 맵을 만들더라도 기존의 것을 간직하기를 추천하기 때문이다. 기존 드림 맵은 이미 지난 과거가 되겠지만, 이는 당신 삶의 역사이자, 해낸 업적에 보람을 느끼게 해주는 역할을 톡톡히 한다. 종이, 마그네틱 보드(이것 말고도 다양한 선택지는 존재할 것이다) 바탕지에 대한 선택은 당신의 몫이다.

바탕지를 준비했다면 그 위에 붙일 이미지를 분야별로 배열하자. 앞서 소개한 분류처럼, 크게 성취(예 : 업적, 연봉, 자격증, 취업, 사업 또는 자기계발 등)와 라이프(예 : 산책, 명상, 운동, 식단, 수면 관리, 인간관계, 독서, 여행 등) 2가지로 하거나 원하는 대로 해도 좋다. 분야별 분류를 추천했던 이유는 끼리끼리 법칙(속성이 비슷한 것들끼리 옆에 두기)을 이용하면 연동성이 생기며, 명확히 정돈되기 때문이다. 예를 들자면, 부의 축적과 관련된(저축, 부동산, 자산 등) 이미지들끼리, 건강관리 관련 이미지들끼리 모아서 배열하는 거다.

이제, 당신만의 아트 타임(오리고 붙이기)을 즐기자. '드림 맵'을 크게 만들어 여유 있는 빈 공간에 '프로젝트'에 관한 이미지나 내용을 부착하는 것도 좋다. 기존의 개요표(기록노트) 중 프로젝트 부분 옆에 연관된 이미지들을 붙여보자. 단순히 '드림 맵'의 완성보다 프로젝트와 매일의 기록을 강조하는 이유는 목표를 이루기 위해 실천하는 당신의 하루들이 모여 꿈이 비로소 완성되기 때문이다. 멋진 꿈의 모습만 붙인 '드림 맵'만으로는 부족하다. 꿈의 결과만 말고 그것들을 이루기 위해서는 반드시 해

야 할 구체적인 실천의 과정이 담긴 일상은 원대하다. '드림 맵'
에는 나의 앞으로의 5년을 담았다. 베스트셀러 작가로 그리고
꿈을 전하는 강사로 사는 평생, 일러스트 에세이 도전하기, 교육
학에서의 좋은 커리큘럼을 만들어 강의하기, 그리고 사랑하는
사람들과 세계 곳곳을 여행하기, 자연의 뷰를 느낄 수 있는 아늑
한 드림 하우스, 중년에도 여전히 멋진 수영복이 어울리는 근력
이 탄탄한 몸매의 나, 열심히 일한 나에게 샤넬백, 까르띠에 시
계와 드림카 선물하기 등으로 '드림 맵'을 완성했다. 그리고 나
만의 개요표에서 프로젝트 기록 노트에다가 이와 관련된 사진

들도 붙여두었다.

　프린트한 이미지들을 붙일 때, (바탕지가 종이라면) 풀 대신 불투명 테이프로 사진들을 붙여도 좋다. 다시 뜯고 다른 이미지로 교체 시 편리하며, 붙일 때 깨끗한 손과 작업 환경을 유지할 수 있다. 하지만 풀로 붙였더라도 그 위에 이미지를 덧대어 붙이는 것도 가능하다. 수정을 염두에 두는 이유는 실행하는 중간, 실천하는 방향이 바뀌거나 새로운 내용이 추가될 수도 있기 때문이다. 또한 피치 못할 환경과 상황이 닥치기도 한다. 예상치 못한 상황은 비극으로 간주하기보다 유연하게 대처하자. 때론 그런 상황들을 마주했던 경험이 때로는 새로운 도전을 제공하기도 하니까 (코로나 시국인지라 학원으로 출근하는 대신 유튜브 채널을 시작했던 나처럼 말이다. 덕분에 기계치에서 영상 편집과 촬영에 관한 기술들 그리고 나만의 이력과 콘텐츠를 쌓게 되었다).

　다 붙인 이미지들 사이 또는 밑에 "~을 이루어 감사합니다"라는 당신만의 확언 스티커(스티커 용지나 포스트잇 이용 가능) 를 붙여보자. 현재 당신의 꿈을 이미 갖고 있는 것처럼, 이미 이루어진 것처럼, 기쁨과 감사를 가득 담은 확언들을 써놓자! 명쾌하고 강렬한 한 문장도 좋다. 나는 다음과 같은 확언들을 외쳐본다.

　"자기계발서를 멋지게 출판했다. 이제 10쇄를 찍는다."

　"3억 연봉자가 되어, 가고 싶은 A회사에 스카우트되었다."

"S학원에서 수학 온라인 강의를 하며, 수강생들에게 수학의 재미를 전파하고 있습니다."

"내 회사 H의 매출이 1억에서 100억으로 뛰었다."

"내 채널은 구독자 100만 명이 되어, 모임&강의를 하고 있다."

"1억을 J재단에 기부했다."

"50명의 아이들을 후원하며 대학 등록금을 지원하고 있다."

"가족들과 6주간 유럽 6개국에서 좋은 추억을 만들고 있다."

"50살의 나는 I도시 T에 5층짜리 건물주다."

이는 꿈을 이룬 본인에게 그리고 삶 자체에 외치는 감사함이다. 당신의 성공을 플렉스하듯 수시로 외쳐보자. 당신은 이미 ('아직'보다 '이미'로 가정하며 살아보자) 이룬 그 꿈들에게 어떠한 감사와 환호를 외치고 싶은가?

6단계:
드림 맵의
다양한 버전과
실제 활용하기

나만의 드림 맵을 갖게 되었다면, 이제 그 드림 맵과 어떠한 관계를 만들면 좋을까? 오롯이 나만을 위한 원더풀 라이프 컬렉션을 일상에 어떻게 스며들게 할까? 나는 '늘 함께하면서 뜨겁게'가 이상적이라 믿는다. 만들고 걸어만 두는 드림 맵은 의미가 없다. 즐기면서 만들고 최대한 자주 보자. 그러면서 꿈과 더욱 친해진다. 그렇게 나만의 꿈에 익숙하고 만만해야 진정으로 가질 수 있다. 선망의 대상보다는 "진짜 넌 내 거다" 하는 자신감으로 대하자. 재밌는 사실은 꿈과 자신의 관계에서 밀당도 필요하더라는 것이다. 100%의 열정과 의욕으로 만들었던 드림 맵을 매일 100일 이상 보면, 감흥이 없어질 수 있다. 내 것인 꿈에 대해 '아 그냥 그렇구나' 하는 권태는 좋지 못한 신호다. 그래서 늘 함께하되, 설레는 기분이 나도록 세팅해보자. 나는 그 밀당을 위해 여러 버전의 드림 맵을 개발해 일상에서 즐기고 있다. 같은 내용을 담고 있더라도, 다른 사진이라면 새롭다. 다양한 드림 맵에 둘러싸여 있으니, 같은 꿈이 매일 싱싱하게 느껴진다. 이는 때론 나태해지거나 갈 길 잃은 나를 충분히 다독여주기도 한다. 그래서 실제 사용하고 있는 다양한 버전들을 소개한다.

드로잉 드림 맵

사진으로 말고, 원하는 삶의 모습을 직접 그려보는 거다. 팬데믹으로 몇 달째 아이와 집에 갇혀 지내던 어느 날, 답답함이 밀려왔다. 아들이 과제하는 모습을 지켜보다 무언가에 홀린 듯, 옆에 있던 스케치북을 펼치고 굴러다니던 사인펜들로 무언가를 막 그리기 시작했다. 하와이의 야자수 옆에서 비키니를 입고 춤추고 있는 나의 모습, 작가로서의 꿈, 강사로서의 멋진 모습, 컨버터블 차를 타고 드라이브하는 나 그리고 멋진 아파트에서 사는 그림이다. 아마도 현실에서 탈출하고픈 맘과 더불어, 지금은

힘들어도 내가 원하는 삶을 만들어 갈 거라는 뜨거운 의지가 함
께했던 순간이었으리라. 대충 끄적인 거지만 충분했다. 이 그림
을 내 작업대 근처에 붙여놓고, 아직까지 매 순간 함께하고 있
다. 만든 지 꽤 됐지만 볼 때마다 좋다. 내 손으로 직접 그린 그림
은 혼이 담겨서인지 더욱 정겹다. 또한 일일이 이미지들을 찾아
야 하는 작업 없이, 내 맘대로 막 그릴 수 있는 자유로움과 스피
드감이 좋았다. 디자인 전공 덕에 크로키를 몇 년간 그리며 알게
된 사실은 그림 속의 인물이 꼭 그 그림을 그린 이와 닮아있다는
것이다. 나만의 '드로잉 드림맵'을 우연히 발견하게 된 후, 꽤 괜
찮은 단짝이 되었다. 그림 실력 여부는 상관없다. 인기 있는 일
러스트 작품들은 정교한 스킬보다 보는 이가 정감과 공감을 느
껴서다. 자신만의 '드로잉 드림 맵'을 만들어 또 다른 신선한 경

험을 해보자. 사진보다는 그림이 상상의 나래를 펼치는 데 생동
감이 떨어질 수 있다. 하지만 내 손끝에서 나온 그림이 주는 나
의 혼이 담긴 그 느낌은 충분히 시도해 볼 만한 가치가 있다.

탁상 드림 맵

'탁상 드림 맵'은 책상에 올려
두고 수시로 볼 수 있다. 크기도
작아 이동도 편리하다. 집에 굴
러다니는 탁상용 달력 하나면 충
분하다. 연말이나 연초면 서점
또는 은행 등에서 사은품으로 주
기도 한다. 책 구매 사이트에서
도 굿즈로 취향에 맞는 데스크
용 캘린더를 저렴하게 구매할 수 있다. 나는 주로 지난해 탁상용
캘린더를 활용하는데, 여유분 달력이 없다면 쓰고 있는 현 달력
에 날짜가 있지 않은 반대편(이 부분은 웬만하면 쓰지 않으므로) 페
이지들을 사용할 수 있다. 찾아놓은 이미지가 남아있다면 (그래
서 4단계에서, 이미지를 찾을 때 '최대한 많이'를 추천했었다) 그것을

쓴다. 만약 이미지가 부족하다 면 미리 컴퓨터에 다운 받아놓 은 기존의 이미지들을 다시 프 린트하면 된다. 탁상 달력 면적 이 작으므로, 배율을 고려하여 축소 프린트하면 유용하다. 달 력의 12장, 24면을 온전히 쓸  수 있으나, 한 페이지 당 한 분야 정도 할애하여 2페이지 정도가 보기 편할 것이다. 그러나 이 또한 여러분의 선택이다. 한 목표 에 4장을 쓴들 무슨 상관이랴. 붙인 이미지 밑에 원하는 문구(늘 붙이던 확언 또는 목표명)를 견출지로 붙여도 좋고, 그냥 이미지 근 처에 펜으로 크게 적어도 좋다. 순식간에 나만의 탁상 드림 맵이 뚝딱 생겼다. 만들기 간편하고, 일상에 적용하기 좋으며, 있었던 자원의 재활용으로도 충분했던 감사한 드림 맵이다.

핸디 드림 맵 노트

외출 시 소지가 가능한 노트형 '핸드 드림 맵'이다. 집에서 굴 러다니는 일반 노트, 스트링 노트 또는 제본 노트 등 어떠한 형

태의 노트든 가능하다. 그러나 그중에 제본 스타일로 된 노트를 추천한다. 2가지 장점이 있다. 제본 노트의 특징상 책꽂이에 꽂았을 때, 일반 책처럼 제목이 보여서 편리하다. "22년도 드림맵" 이런 식으로 나만의 드림 맵을 수시로 찾기도 보관도 쉽다. 또한 노트를 펼치면 좌우 페이지 사이에 뜨는 중간 공간 없어 사진 붙이기가 더욱 편하다. 사이즈는 여러분이 자주 가지고 다니는 가방에 들어갈 수 있게 하자. 또는 매일 자차를 가지고 다닌다면, 나만의 '드림 맵 노트'를 만들어 운전석 옆 좌석에 두고 수시로 보아도 좋다. 노트의 내지는, 어차피 종이 위에 사진으로 뒤덮이므로 밑바탕에 줄, 모눈 칸이나 도트무늬가 있어도 상관없다.

큰 꿈 → 작은 꿈 순으로, 이루고픈 꿈의 순서대로, 또는 '끼리

끼리 법칙'을 이용한 같은 분야별 배열도 좋다. 나는 지금부터 노력해서 이룰 2022년의 드림 맵을 매일 쓰는 A5 크기의 저널 노트에 한 장으로 압축하여 만들었다. 왼쪽 페이지는 커리어 우먼으로서의 나, 오른쪽 페이지에는 삶의 균형과 즐거움을 누리는 이미지들이다. 몇 장의 이미지들을 풀 또는 인덱스 라벨지로 고정한다. 라벨지를 쓰는 이유는 내가 쓰고픈 명확한 내용들을 (자신을 위한 응원, 확언, 마감기한, 목표) 그 위에 쓰기 위함이다. 인덱스 라벨지는 무광택 무코팅의 재질이 그 위에 글씨 쓰기가 편하고, 다이소나 온라인을 통해 저렴하고 빠르게 구매 가능하다. 라벨지가 귀찮다면 붙인 이미지 위에 네임펜으로 써도 좋다. 아니면 그냥, 이미지만 붙인 드림 맵 노트도 훌륭하다. 꼭 만들어 매일 가지고 다니면서 늘 함께하는 든든한 경험을 누려봄이 가장 중요하기에.

내가 그냥 좋아하는 한 분야만으로 스크랩 맵 북

당신만의 애착 대상이 있는가? 꼭 이것만큼은 버릴 수 없는 것 말이다. 내가 좋아하는 스타일에 관한 스크랩북을 대학생 때 만들어 가지고 있다. 이는 이번 생에 내가 이루고픈 일을 가득 담은 드림 맵과는 다르다. 한 마디로 그냥 내가 관심 있는(패션 스타일) 한 가지 분야를 고이 간직해 놓은 것이다. 나만의 스타일을 잃지 않고 싶어서, 이런 스타일의 내가 되겠다 하는 마음 같은 거다. 드림 맵에도 나만의 워너비 스타일 이미지들의 공간이 있다. 이는 내가 원하며 되고픈 스타일에 대한 열망이다. 꿈의 목록이라고 꼭 이루고픈 업적이나 리치한 삶만 있는 것은 아니니까. 당신에게도 그러한 부분이 있을 거다. 운동, 여행, 등산 등의 취미가 될 수도, 와인, 백 또는 자동차 같은 사물일 수 있다. 이외에도 다양한 분야가 있을 것이다. 나의 경우, 드림 맵은 꿈틀대는 꿈에 대한 동기부여와 목적성을 준다면, 재미로 만들어 본 'My style 2004.11~'라고 명명해놓은 스크랩북은 내게 또 다른 기쁨을 준다. 기분 좋은 감정이 더해짐과 더불어 나만의 비밀을 예쁘게 간직하는 그런 거 말이다. 만약 집에 관심이 많다면, 원하는 집의 형태나 인테리어, 주변의 전경이나 부동산 관련 사진들에 눈이 가기 마련이다. 부록처럼 좋아하는 것들을 나만의 스타일로 데이터를 쌓아보고 즐기면서, 인생의 색다른 만족을 느껴보자. 인생에서 당신이 정말 좋아하는 것(What you really love)도 놓쳐서는 안 되는 소중한 보석과도 같다.

　드림 맵의 나만의 실제 활용은 이렇다. 가장 큰 메인 '드림 맵'을 작업하는 서재 벽 또는 책장 앞에 붙여둔다. 또는 바다 위의 액자처럼 벽에 기대어 두기도 했다. 일하기 전 또는 중간에 이 것을 보면서 마음을 다잡는다. 기록노트에 있는 '이미지가 곁들 여진 프로젝트 플랜(개요표 기록)'은 진행 과정을 체크할 때 활용 하고 있다. '탁상용 드림 맵'은 작업 책상에 늘 함께하며, '드로 잉 드림맵'은 작업실 화이트보드에 부착했다. '핸디형 드림 맵' 은 수시로 볼 수 있게 나의 핸드백 속 또는 주로 집에 있는 요즘 엔 책상 위에 있다. 집착 같아 보일 정도로 나는 드림 맵에 둘러 싸여 있다. 나는 알고 있기 때문이다. 강렬한 열정과 원대한 꿈 앞에서도 두려움과 나태함이 생각보다 자주 물밀듯 밀려온다는 것을, 그리고 그럼에도 불구하고 원하는 삶 속에 살고자 하는 간 절함이 뚜렷하다는 것을 말이다.

이 글을 쓰면서 문득 떠오른 아이디어다. 커튼, 티셔츠 또는 접시에 내 드림 맵을 프린팅해서 넣어보는 것. 색다르면서도 완 전 내 삶의 일부인 듯 환상적인 효과가 있을 것 같다. 조만간 실 천해보고, 좋은 기회에 여러분과 이야기하는 그날이 기대된다.

일상에 적용하는 3가지 비법

앞서 여러 종류의 드림 맵을 모두 다 갖추지 않아도 된다. 당신의 심장을 뜨겁게 만들어 주는 진정한 드림 맵 1~2장이면 이미 멋지다. 이제 일상과 드림 맵이 함께하는 4가지 팁이다. "어떻게 하면 드림 맵을 일상에 잘 적용하여, 꿈을 향한 여정을 멈추지 않고 계속 가게 하는가?"에 대한 나만의 고민과 경험이 녹아 있다. 나만의 드림 맵을 옆에 두고서 흐뭇해하고 있을 당신에게 실질적인 도움이 되길 바란다.

첫째, 드림 맵과 당신의 W.W.H(When, Where, How)다. 언제, 어디서, 어떻게 드림 맵과 함께할까? 늘 곁에 있지만, 꿈에 대한 확신과 설렘을 유지시켜 주는 것 또한 드림 맵의 역할 중 하나다. 이를 잘 수행할 수 있도록 당신이 가장 자주 볼 수 있는 공간에 두자. 당신의 꿈 서린 작업을 하는 공간인 오피스 책상에 과감히 둘 수도 있고, 재택근무로 홈 오피스가 된 서재 벽에 붙여두어도 된다. 〈영혼을 위한 닭고기 수프〉의 잭 캔필드처럼 방을 나가기 전 늘 볼 수 있도록 방문에 드림 맵을 걸어둘 수도 있다. 베란다 창문, 냉장고, 화장실 문 앞에 붙여놓을 수도 있다. 책상 위에 코팅한 드림 맵을 데스크 매트처럼 놔두어, 작업할 때마다 마주 볼 수도 있다. 드림 맵을 찍어 핸드폰 배경 화면에 저장하면 핸드폰을 볼 때마다 하루에도 수십 번 당신의 꿈을 맞이할 수도 있다. 포인트는 당신의 드림 맵을 당신이 원하는 그곳에 두면서, 일상에서 꿈을 꾸고 느낄 수 있는 공간을 내어주는 그 자체다. 시시때때로 드림 맵의 위치도 바꾸어 보고, 그 안의 콘텐츠(이미지)도 바꿀 수(기존 사진 위에 새로운 사진을 덧붙이면 된다) 있다. 또는 유명한 자아실현 코치 알렉스 룽구처럼 침실에 걸어두어도 좋다. 이는 눈 뜨자마자, 그리고 잠들기 전에 드림 맵을 볼 수 있다. 그는 드림 맵의 긍정적인 성공을 위해, 기상 직후와 취침 전을 이용한다. 아침에 일어날 때는 이상적인 꿈을 받아들이는 데 거부감이 가장 적으며, 잠들기 전은 드림 맵을 통해 꿈을 입력하여 취침하는 동안 뇌에 고이 간직되는 효과가 있다고 한다.

둘째, 드림 맵 선언 효과다. 나 말고 그 누군가에게 내 꿈을, 드림 맵을 알리는 것이다. 심리학자 스티븐 헤이스는 이를 '공개선언효과'라고 명명하며 실험을 통해 밝혀낸 적이 있다. 나는 이를 '빼박효과'라 부르며, 가족들에게 내 꿈을 뻐꾸기처럼 뻥뻥 자주 날린다. 미국 대학원 입학 준비를 할 때였다. 디자인 전공 후 디자이너 3년, 수학 강사로 2년 남짓 근무한 경력에서 전업주부와 아이 엄마였던 경제적 능력도, 영어 실력도, 게다가 자존감 1도 없이 텍사스댁으로 살고 있을 때였다. 그때 나는 지인들에게 최대한 많이 알리고 다녔다. "나 미국 대학원 입학 준비하고 있어. 될 때까지 하려구"라고 말이다. 내조만 강요당하는 환경과 남편의 병풍 같았던 내가 진저리나서 내 꿈 찾아 선택한 거였다. 생각보다 난관이었다. 토플 50점대에, 책상에 앉아도 집중이 잘 되지 않았다. 주위에 모두가 "너랑 공부는 안 어울려"부터 "그냥 남편 옆에서 편하게 살지"에 대해 반항심도 들었다. 선언하고 하니, 실은 중간에 몇 번이나 그만두고 싶어도 자존심이 상해 도저히 그럴 수 없었다. 꿈의 선언효과는 또 있다. 예상치 못한 곳에서 지원군이 생기는 거다. 처음에는 전문대에서 수학교육 관련 수업만 1~2년간 수료할 생각이었다. 모임에서 알게 된 동생들에게 내 계획과 고민을 토로하자 그중 한 명이 "언니 어차피 공부할 거면, 학위랑 상관없는 블린 말고 석사를 따요. 텍사스 A&M(신랑이 다니고 있던 학교)에 지원해봐요. GRE 없이 토플만으로 수학교육 대학원 갈 수 있어요"라며, 나는 그 당시 알지도 못했던 고급 정보와 용기를 얻었다. 그 찰나 내 심장의 쿵쾅거림이 유학 도전의 시작점이 되었다.

많은 자기계발서에서도 선언효과를 누리기 위해, 주위 사람들에게 자신의 꿈과 계획을 알리라고 추천한다. 하지만 난 무조건 주변에 선언하고 다니기 이전에, 이것보다 좀 더 세밀한 전략이 필요하다고 믿고 있다. 경험상, 내 소중한 꿈을 고백했다가 응원보다는 무관심을, 후에 꿈이 이루어진 후에는 진심 어린 축하보다는 예상치 못한 질투와 걱정을 받기도 한다. 역으로 보면 진짜 내 사람을 알게 되는 계기도 되었으나 상처는 상처다. 게다가 일어나지도 않을 부정적 기운 가득한 걱정 시나리오들을 듣게 되면, 환했던 내 마음에 없던 먹구름이 끼기도 했다. 만약, 당신이 꿈을 향해 무언가를 사부작 시작하는 단계라면, 당분간은 많은 이들에게 말하지도, 보여주지도 않을 것(검증된 지원군이라면 시작 전에 말해도 괜찮다)을 추천한다. 그러다 '안착 단계'에서 당신의 드림 맵을 공개해보자. '안착 단계'는 다음의 세 번째 팁과도 연결되니 이것으로 설명한다.

세 번째 팁은 드림 맵의 내용을 루틴화하는 것이다. 루틴으로 자리 잡으면 자신의 꿈에 대한 확신이 저절로 생긴다. 쉽게 말하면, 당신만의 프로젝트 진행이 일상에서 습관화된 상태를 '루틴화되었다'라고 할 수 있으며, 이를 '안착 단계'라고 명명해 본다. 예를 들면, 나는 작가의 꿈이 아주 오래전부터 있었으나 선뜻 실천하지 못했다. 유학을 마치고 귀국 후 은밀한 나만의 작업을 시작했다. 책 쓰는 것, 출판에 대한 책들을 사서 읽으며 독학하고, 작가들의 유튜브 채널들을 밤새 뒤지고, 대전, 서울, 세종으로 유료건 무료건 가리지 않고 오프라인 강의들을 들으러 다녔다. 책의 집필과 출판 과정의 궁금증이 대략 풀리자, 다음에는 쓸 소재들을 모으고, 혼자 멋 잔뜩 부려 기획안과 쓸 책에 대한 시장분석표도 작성했다. 그리고 2달간 새벽에 일어나 홀로 울고 웃으며 A4 130페이지가 넘는 원고를 썼다. 책을 쓰는 일상이 루틴화가 됐던 시점, 즉 안착 단계에 부모님과 남동생에게 내 꿈이 전해졌다. 동생은 핸드폰 배경의 드림 맵을 보고 멋있다고도 해주었다. 가족들의 반응은 깜짝 놀라면서도 출판을 기다린다며 응원해 주었다. 내 유튜브 채널에서도 책을 쓰고 있으며, 좋은 책을 출판하는 것이 나의 꿈이라고 선언하고 있다. SNS에 책을 쓰는 과정을 공개하는 것도, 이는 자랑질이 아닌 내 꿈을 선포하여 서로의 꿈을 응원할 수 있는 기회가 되었다. 솔직한 마음으로는 부끄러워 몸 둘 바를 모르겠으나, 애써 태연한 척 내 꿈들을 알리고 다닌다. 나는 알아서 그렇다. 선언 효과의 엄청난 후광을.

　당신이 이루고 싶은 꿈이 생겼다면, 드림 맵을 만들고 프로젝트화 하여 하루하루 일상 속에 어느 정도 습관화해보자. 나는 출판사들의 거절도 견딜 만했다. 그 이유는 매일 글쓰기가 내 삶에 루틴화 되었기 때문이다. 매일 실천할 경우, 경험상 3~6주면 꿈으로 가는 것이 삶에 안착이 어느 정도 되기 시작할 것이다. 시작 단계에서 드림 맵의 내용을 주변에 알려 불안과 불신을 지피기보다 '안착 단계'에서 공개하는 것도 전략이다. 나도 드림 맵을 그렇게 공개하고 나서 하나하나씩 이루어 가는 것을 신랑과 아들도 신기해하며 응원해주고 있다. 여분의 꿀팁으로 드림 맵에 만들 때, 내 꿈이 꼭 이루어지게 하는 긍정적인 기운도 넣어보자. 예를 들어, 드림 맵을 만드는 주인공(당신)의 기분이 상쾌해지는 활동들이다. 만들기 전, 가부좌를 틀고 나만의 명상 타임을 가져보자. 그리고 입으로 이렇게 10번만 외쳐보자.

"나는 이 꿈들을 즐긴다. 나의 일상은 설레는 꿈들과 더불어 매일이 즐겁다. 감사합니다(또는 여러분만의 긍정 확언)."

누가 들을까 쪽팔리면, 작게라도 속삭여라. 아무 말과 액션 없이 그냥 머리를 맑게 비우는 멍 타임도 좋다. 좋아하는 음악을 틀어놓고 춤을 추는 것도 좋다. 또는 샤워를 하고 나서 뽀송한 기분으로 이미지들을 오리고 붙여보자. 아이들과 집콕 또는 재택근무로 인해 24시간 장착 중인 수면잠옷과 홈웨어 패션에서 탈출해보자. 외출할 일도 누구 보여줄 일도 없지만, 나 자신을 위해 멋지게 차려입어 보자. 그것만으로도 리프레시 된다. 키는 이거다. "기분이가 좋아요" 하는 순간들을 스스로 만드는 것, 그래서 "이것들(이미지들)은 반드시 내 것이다" 하는 강한 믿음과 용기를 만드는 것!

PART 04

당신의 드림 맵을
현실로 만들어 줄 도구들

"부자 따위에는 관심 없다.
잠자리에 들 때 '놀라운 일을 해냈어'라고
말할 수 있는 것이 중요하다."

– 스티브 잡스

당신의
꿈을
마음껏
상상하라

—

20세기 회화의 최고 거장이자 입체주의라는 미술양식을 창조해낸 파블로 피카소가 말했다.

"상상은 모든 일의 출발점이다. 일을 시작하기 앞서 온 정성을 다해 상상해라. 일을 변화시킨다. 상상은 행동을 구체화하기 위해서 있고, 행동을 현실화하기 위해서 있다."

단어나 문구가 아닌, 이미지를 그려보는 것! 피카소가 상상의 힘으로 수많은 명작을 창조하며 명성을 누렸듯, 당신 또한 상상의 힘을 빌려 원하는 것을 이루어 보자. 저 아득한 미래 말고, 지금 내 일상에서. 상상의 힘은 드림 맵을 만드는 모든 단계(준비단계~6단계)마다 필요하다.

나는 전적으로 믿는다. 상상의 힘을. 간절히 원하는 것을 상상해 본 효과는 실제로 엄청났다. 토플 80을 맞기 위해 1년이 넘는 수험 생활과 11번의 실패를 겪었다. 드레스 룸 바닥에 앉아 홀로운 적도 많았지만, 그럼에도 나는 새벽 5시 30분에 일어나 영어 공부를 하면서 자기계발서를 매일 읽었다. 나의 꿈을 적고, 끊임없이 상상했다. 상상 속의 나는 마룬(maroon : 고동색) 칼라 학교 티셔츠와 핫팬츠에 하얀 컨버스 운동화를 신고, HP 랩탑이 들어 있는 잔스포츠 백팩을 메고 40도 육박하는 텍사스의 뜨거운 햇빛이 내리쬐는 Texas A&M 캠퍼스 교정을 누비고 있었다. "어머, 너 드디어 해냈구나. 대단하다. 아들 키우면서, 학업도 해나가고. 입학 축하해" 같은 내가 듣고 싶은 말을 듣는 상상도 했다. 나중에는 상상을 하도 많이 한 나머지 이미 학교 학생이 된 착각이 들 정도였다.

상상을 시작한 지 1년 뒤 실제로 미국 Texas A&M 교육대학원생으로, 상상 속의 그 티셔츠를 입고 학교 버스를 타고 수업을 들으러 다녔다. 2년 뒤에는 평점 3.75/4인 높은 성적으로 졸업했다. 지인들로부터 내가 상상했던 대본과 똑같은 말을 수백 번 듣기도 했다. 힘든 점도 많았지만, 공부 자체는 신나고 재밌었다. 그곳에서 석사 졸업 후 박사과정에 도전하지 못했던 게 못내 아쉬웠다. 한국에서의 영어 실력과 학벌 따위는 수업시간에 필요 없었다. "그래, 난 너희들(원어민들)처럼 영어가 완벽하진 않아. 그럴 수도 없고 말이야. 그래도 난 밤새워 준비했고, 무엇보다 지금 내 전공인 수학교육에 대해서는 자신 있고 열정이 있어." 하는 마음으로 용기를 냈다, 발표 전날이면 자신 있게 발표하는 모습을 수십 번 시뮬레이션 하며 잠이 들곤 했다.

처음에는 상상하면서도 '과연, 이 일이 내게 일어날 수 있을까?' 하는 생각이 들었다. 그러나 1,000번(하루에 10번 100일이면 된다)만 상상해보자. 그러면 어느 순간 믿게 된다. 착각처럼 내가 원하던 일들이 이미 일어났으며, 겪고 있는 일처럼 친숙하게 느껴진다. 그리고 나도 그 꿈을 누릴 자격이 있는 사람이며, 그 꿈은 반드시 이루어진다는 것을 말이다.

상상력의 또 다른 파워는 내면을 단단하게 해주는 것이다. 기쁜 상상력으로 무장하면 다부진 정신력을 갖게 된다. '나 같은 사람이 이것을 한다고? 그냥 안전하게 살지, 이만하면 평범에는 속하잖아.' 하는 설정을 해지할 수 있는 용기를 준다. 주변의 방해에도 끄떡없어진다. 상상력으로 단단해진 당신의 내면은 부정적인 것들(예 : 쓸데없는 걱정, 주변의 반대, 방해물)로부터 굿바이를 선언하고, 진정으로 원하는 삶에 집중할 수 있게 하는 내적(내면) 설정(안테나)이 가능하다. 견고한 내적 설정은 마침내 당신이 원하는 그곳으로 데려다줄 것이다. 김애리 작가님의 〈여자에게 공부가 필요할 때〉에 이런 구절이 있다.

"현실은 상상을 닮아간다. 행복한 상상으로 내일을 조각하는 것은 두 개의 심장으로 두 배의 설렘을 간직하며 사는 것과 같다."

원하는 꿈을 매 순간 꾸며 사는 일이야말로 얼마나 멋진가! 상상의 힘은 예상보다 위대하다. 꿈으로 가득 찬 기쁜 상상은, 꿈으로 가는 네비게이션인 드림 맵이 완성되고 실현되도록 기꺼이 도와줄 것이다. '상상하기'의 비법은 간단하다. 상상의 내용은 반드시 간절한 꿈이어야 하며, 최대한 구체적으로 진짜인 것처럼 생생하게 느껴야 한다. 그리고 이러한 상상을 아주 많이 하는 것, 이 삼박자면 더없이 완벽하다. 상상 속에 있는 당신이 입은 옷매무새의 감촉, 뿌린 향수의 향기, 환상적인 배경 속에서의 당신의 표정과 당신 옆에 있는 사람이 이야기할 때의 목소리와 눈빛까지도 느껴보자.

내가 자주 하는 상상들의 몇 신들이 있다. 이태리 피렌체의 노천카페에서 사랑하는 가족들과 초록색 바질 잎과 빨간 토마토가 얹어진 치즈가 죽죽 늘어나는 피자를 한 입 베어 물고 있다. 길거리 악사의 흥겨운 바이올린 연주와 분수에서 물이 퍼지며 떨어지는 소리가 어우러진 배경음이 좋다. 사랑하는 사람들과 웃으면서 이 여유로움과 행복을 같이 누릴 수 있어 기쁘고 감사하다. 멋진 커리어 신도 있다. 어깨를 갓 넘긴 C컬의 부드러운 진밤색 머리칼을 단정히 빗고, 이브생로랑 립스틱을 바르고, 조말론의 오렌지 블라썸 향수를 뿌린다. 톤 다운된 파스텔 핑크 수트를 입고 있다. 어젯밤 미리 준비해둔 A4 파일과 문구류가 담긴 (내가 디자인한) 진밤색 가죽 토트백을 든 손목에는 탄 칼라의 가죽 시계를 찼다. 오버사이즈 선글라스를 끼고 스카이블루 빛 컨버터블을 몰고 컨퍼런스 홀에 도착했다. 안쪽 큰 홀에 수많은 사람이 앉아 있다. 정중히 인사를 하면서 입장한다. "박소현"이라는 이름이 호명되고, 조명이 가득한 그 무대에 올라간다. 열정 어린 눈빛의 사람들과 함께 소통하며 강의를 시작한다.

당신의 원대한 꿈들을 기쁘게, 맘껏 상상하자. 그 상상력의 힘으로 그 꿈이 꿈만이 아닌, 찐 삶이 되는 거다.

당신의
꿈을
마음껏
외쳐라

———

한국에선 매일 먹어도 맛있던 햄버거와 피자가 미국에선 지겨워지곤 했다. 그럴 땐 가격이 부담스러웠던 한식당 대신 저렴한 중식당 판다 익스프레스를 자주 갔다. 계산이 끝나면 직원이 3~4개의 포춘 쿠키를 주는데, 그 속 쪽지는 내게 꿈을 향한 러브레터였다. 식사를 맛있게 하고, 마지막으로 쿠키를 부숴서 오물거리며 그 안의 종이를 펼쳐 해석해보는 타임은 소소하지만 큰 즐거움이었다. 늘 볼 수 있도록 책상 위에 자리한 퍼피 장식 위에 그 포춘 쿠키 속 쪽지들을 쌓아두었다. 벌써 8년째 나와 함께하고 있는 나의 소중한 보물이다. 닥친 상황에 꼭 필요한 조언 또는 바람에 속하는 내용을 맨 위에 올려둔다. 거의 매일 되넌다. 내가 하고 있는 일에 대한 확신이 필요할 때면 "넌 옳은 방향으로 나아가고 있어"라는 확언을 선택해 읽고 따라 읽는다. 이는 내 자신의 결정에 믿음을 준다. 일이 꼬이고 잘 풀리지 않을 때는 "네가 예상치 못했던 곳에서 숨겨진 보물을 찾게 될 거야"의 확언을 외치며, 스스로에게 치얼 업을 전한다. 타국에서 가족들이 그리울 때면 "너의 사랑은 행복하고 화목할 거야"를 보면서 좋은 엄마가 되도록 노력하자는 다짐, 가족들과 좋은 추억을 많이 쌓을 거라는 긍정적 기운을 북돋아 준다. 졸업시험 페이퍼나 시험과 과제로 스트레스를 받을 때면 "곧 마땅히 받아야 할 인정을 받을 것이다"라는 말을 되뇌었다. 그러면 원하는 결과를 얻을 거라는 파이팅의 주문이 되거나 '나는 과연 원하는 결과를 얻기 위해 그에 응당한 노력을 했나?'를 물으며 스스로를 돌아보기도 했다.

　우연히 고속터미널 휴게소 책 가판대에서 발견한 〈프린세스 마법의 주문〉은 멋지게 꿈을 이뤄가는 여성들의 성공비법을 에피소드로 엮은 책이다. 저자 아네스 안은 전 세계를 돌며 만난 성공한 여성들에게 공통점을 발견했다. 바로 그녀들은 자신의 꿈들이 적힌 위즈덤 카드를 늘 가지고 다닌다는 것이다. 그녀들은 자신만의 위즈덤 카드를 보며, 스스로를 다스리고 목표한 꿈을 되새기며 그 꿈을 하나하나 이루어 나갔다. 이 책을 읽고, 나도 실천하고 있다. 나만의 위즈덤 카드를 만들어 지갑의 가운데 칸에 고이 모셔 두었다. 돈을 꺼내다가도 수시로 보고 되뇐다. 아네스의 말처럼, 그것은 기적과도 다름이 없다. 나 또한 기적을 경험했으며, 또 다른 기적을 꿈꾸며 설렘 가득한 나의 하루를 맞이한다. 그녀들의 위즈덤 카드처럼, 당신에게도 긍정의 메시지를 주는 확언의 매개체를 만들어 보자. 나처럼 식당에서 주는 포춘 쿠키 속 쪽지도 좋고, 잡지에서 우연히 발견한 그달의 행운 가득한 별자리 운세 페이지도 좋다. 매일 외치고픈 당신만의 긍정 확언은 어떠한 것인가? 당신의 꿈을 향한 당신만의 주문을 적어보자.

　왜 긍정적인 기운이 깃든 확언들과 더불어 나의 꿈을 외치면 꿈을 이루는 데 도움이 될까? 지금 당장, 외쳐보아도 바로 알 수 있다. "나는 할 수 있다!"만 크게 말해도, 기운이 솟고 좋아진다. 말하면서 그 내용을 머리로 생각하고 마음으로 느끼게 되며, 그 말을 뱉는 순간 내 귀에서 그 말을 또 듣게 된다. 그러면서 한 번 더 몸과 마음에 아로새겨진다. 확언을 외칠 때 간절함도 더하자. 많은 이들이 간절함은 인생의 전부를 걸고 올인하는 마음가짐이라 여긴다. 나 또한 그랬다. 소원을 이루어 주는 간절함은 '그것이 아니면 절대 안 돼.' 하는 집착이 아니다. 마음을 비워야 한다. '난 정말 ~했으면 좋겠다. 그러나 이번에 안 되어도 어쩔 수 없어. 그래도 남는 건 반드시 있을 거야. 그리고 무엇보다 이번에 이루어지면 정말 좋고.' 하는 마음가짐 말이다. 노력했지만 안 돼도 어쩔 수 없다는 전제는 부정적인 게 아니다. 원하는 시기에 원하는 결과를 얻지 못했다 하더라도, 당신의 노력과 하루마저 헛됨으로 취급해서는 안 된다. 최선을 다하지만, 결코 당신의 건강과 사랑하는 사람들과의 관계까지 망치면서까지 하지는 말자. 그래서 나는 '열심히 노력한다'라는 표현보다 '똑똑하게 노력하자'라는 말이 맞는 것 같다. 정해진 작업시간에 최대한 집중하여 일을 완수하는 것이다. '될 때까지'라는 마음도 필요하다. 하지만 그렇다고 당신의 삶의 본질적인 것들까지 희생해서, 원하는 꿈에 도달했더라도 그 삶은 이 빠진 에르메스 접시와도 같다.

드라마 〈스타트 업〉에서 수지의 아빠는 몇 년간 사업에 최선을 다한다. 중요한 프리젠테이션 날 교통사고를 당했으나 병원을 가지 않고 투자자를 만나러 가다가 허무하게 죽는다. 그가 아무리 좋은 아이템을 가졌다 한들, 그의 몇 년의 노력과 가족들의 희생은 모두 물거품이 되고 말았다. 꿈을 향하는 여정과 당신의 삶은 서로 균형을 유지하려는 노력이 필요하다. 나는 그래서 마음의 비움과 평정심이 깃든 그러한 간절함을 '지혜로운 간절함'

이라 부른다. 이 간절함과 더불어 꿈을 상상하고 맘껏 외치자. 그러면서 하루에 꿈을 이루는 프로젝트를 완수해간다면 신기한 일이 벌어질 것이다.

나는 나의 꿈을 남편과 아들에게 자주 외친다. 남편은 나의 꿈을 들을 때 처음에는 놀라면서 황당해하기도 하지만, 꿈을 외치고 나서 실제 하나씩 실행하는 나를 보면서 응원을 해주고 지지해준다. 10살인 아들은 꿈이 있는 엄마를 멋지게 여긴다. 집 서재에서 또는 카페에서 책을 쓰거나 유튜브 작업하는 엄마의 진행 상황에 대해서도 관심이 많다. "엄마 책 쓰는 거 언제 끝나? 그 책 언제 나와? 나오면 내가 (모아둔 용돈으로) 제일 먼저 살게. 엄마 구독자 수 몇 명이야? 그러니까 내가 영상을 자주 올리랬잖아." 하는 아들의 귀여운 감시와 관심이 내게는 힘이 된다. 당신의 꿈을 숨기지 말고, 외치면서 맘껏 노출하자. 그러면 서로의 꿈을 각자 외치면서 지지하는 날이 올 것이다.

〈운을 기획하라〉의 저자 피터 홀린스는 "자기 다짐(긍정 확언)은 스트레스와 압박을 받는 상황에서 평정심을 유지하고 융통성 있는 사고를 할 수 있게 하는 유익한 도구임을 확인했다"라는 말을 남겼다. 확언은 스트레스와 걱정으로 울렁거릴 때 위안을 준다. 빽빽한 주차장에 들어설 때면, 나는 늘 "난 운이 좋아"를 외치면서 들어간다. 별것 아닌 것 같지만, 주차할 때가 없는 상황은 늘 스트레스를 준다. 확언과 더불어 신나는 제스처로 주차할 곳을 찾으면 정말 갑자기 내 시야에서 차가 빠지는 경험을 한다. 정말 중요한 시기에 원치 않은 일들이 생길 때는 이렇게 외치며 생각한다. "이 상황은 일시적인 거야. 그리고 나는 이런 상황들을 잘 넘기며 얻게 되는 지혜들이 있어"라고. 분노의 감정에만 허우적대지 말자. 좀 더 멋진 말들을 당신 스스로에게 해보자. 그리고 거기서 벗어나 좋은 상황들과 감정들로 방향을 바꿔보는 거다. 제시카 파월스는 일어나자마자 이렇게 외친다고 한다.

"아침 반가워! 어서 내게로 와. 오늘은 어떤 멋진 일이 벌어질까?"

습관이
되도록
루틴 의식을
만들라

―

프랑스 소설가 베르나르 베르베르는 해마다 멋진 책들을 출간하고 있다. 초등학교 6년 때, 그가 쓴 책 〈개미〉를 읽고 집 앞 화단의 개미들을 데려와 1달간 (그 후 다시 풀어주었으나) 유리병에서 키우면서 개미들이 만든 행로 터널들을 기록하는 혼자만의 연구에 푹 빠졌었다. 사춘기 소녀를 곤충학자 파브르 역할을 하게 할 정도로 그의 글은 매혹적이고도 강렬했다. 독자로서 베르나르의 팬이기도 하지만, 책을 쓰기 시작하면서 그를 더욱 존경하게 되었다. 베르베르가 독특하면서 다양하고 심오한 주제의 작품들을 오랜 세월 동안 꾸준히 창작해 낼 수 있음이 감탄스

럽기 때문이다. 그럴 수 있는 그의 원천은 '매일 같은 시간에 같은 일을 하는 것'이라고 한다. 베르나르 베르베르는 30년 넘게 일정 분량의 글을 매일 쓴다. 목표를 달성하기 전까지 서재 문을 열지 않고 자신과의 약속을 지킨다고 한다. 그는 규칙적인 루틴이 가져다주는 기쁨과 성장을 중요시 여기며 실천하고 있다.

위대한 사람들의 성공 비결을 궁금해하고 집요하게 인터뷰하곤 한다. 하지만 그들의 성공 근본은 맥 빠지게도 매우 간단하다! '매일 꾸준히 했고, 지금도 하는 것.' 그들은 하나같이 자신의 업이 일상 속에 녹아있으며, 철저하게 지켜나가고 있다. TV 예능 〈나 혼자 산다〉를 보면 즐겨 보는데, 일이 끝난 긴 공백기에도 연예인들의 일상은 사뭇 남다르다. 웨이트 트레이닝을 매일 하고, 직접 요리를 하면서 자신의 건강과 몸매를 위한 식단 관리를 하며, 언젠가 맡게 될지도 모를 배역을 위해 다양한 취미 활동도 하고 있다. 모델 한혜진의 꾸준한 몸매 관리를 보면 감탄이 절로 나온다. 디자인 전공과 디자이너 생활을 했지만 화려함 뒤에 숨은 냉혹한 그 업계만의 양면성을 조금은 알고 있다. 20년 넘게 모델로서 활발한 활동을 하면서 자신의 바운더리를 넓혀가는 그녀의 비결은 바로 '매일 하는 자기 관리'다.

많은 이들이 간과하는 부분이 이게 아닐까? 매일의 힘을 무시하는 것 말이다. 지금은 드라마를 빠짐없이 보고, 친구들과의 약속으로 가득 차 있으면서 '언젠가 내 꿈은 이루어질 거야'와 '다음 주부터 담달부터 열심히 사는 거야.' 하는 대책 없는 긍정은 금물이다. 나는 꿈이 생기고 꼭 이루고 싶다는 간절함이 생기면서 당장 무엇부터 해야 하나 하는 막막함도 있었지만, 내 인생에 계획이 있고 실천을 목표로 하는 삶을 시작했다. 그러면서 매일의 중요성을 가장 실감했다. 어느 순간 이런 생각이 들었다. '신이 우리를 어여삐 여기셔서, 하루의 24시간에 기꺼이 무료로 선사해주셨다. 그러나 어리석은 인간은 이에 대한 어떠한 감사도, 소중함도 모르고 오늘을 흘려보내는 어리석음을 범하고 있지는 않은지' 말이다. '소중한 지금을 어떻게 보내야 할까?'에 대한 깊은 탐구와 실천이 필요하다.

이를 위한 근본적인 해결법은 이거다. '나만의 루틴 셋업!' 하루하루는 매일 같을 수 없다. 하지만 일정한 양식을 갖춘 자신만의 '루틴'을 만들어 보자. '루틴'은 무엇을 하는지에 대한 일정한 순서와 내용이라고 생각하면 쉽다. 내가 하고 있고, 지키고자 하는 많은 루틴 중에서 꼭 하고 있는 루틴이 있다. 노트북을 켜서 유튜브 채널 'essential'의 음악 리스트 하나를 골라 들으며 글쓰기, 책 읽기 또는 기록 노트 작성하기다. 이는 주 4일 이상 꼭 실천하고자 노력한다. 가끔 시간과 에너지 관리가 안 되고 있다 느낄 때면, 나의 루틴을 돌아보고 수정한다.

루틴 지킴에 대해서도 몇 가지 팁이 있다. 첫 번째, 아침 루틴의 중요성이다. 그날 시작의 모양새에 따라 기분과 에너지가 달라져, 하루의 흐름도 쭉 달라진다. 두 번째, 매일 루틴 의식하기가 필요하다. 나만의 루틴 다짐을 기록 노트에 매일 적고 실천을 다짐해도 지켜나가기 힘들 때가 있다. 생각보다 인간은 무의식적으로 행동하고 말하며 시간을 보낼 때가 많기 때문이다. 자신을 객관적으로 몇 시간만 관찰해보아도 알 수 있다. TV 리모컨을 돌릴 때도, 인터넷 쇼핑몰을 헤맬 때도, 몇 시간씩 핸드폰을 붙잡고 있을 때 한 번쯤은 의식해보자. 자신의 꿈과 목표를 생각하면서 '음 그래도 이것을 O일만 꾸준히 해보자' 하는 의식도 집어넣어 보자. 세 번째, 당신만의 루틴을 습관화하라. 아침에 일찍 일어나 운동하기를 예로 들어보자. 처음에 며칠은 아침에 눈이 떠지지도 않는다. 나의 경험상 3주의 법칙이라고 하는데, 이는 꽤 효과가 있다. 횟수로 20번만 넘어가면 운동하는 몸에 익숙해진다. 그리고 오히려 운동을 해야 할 것 같은 찌뿌둥함도 느낀다. 운동하고 샤워하고 나서 그 상쾌함 때문에.

하지만 이런 의문도 든다. 막상 현실에서는 루틴을 꾸준히 지켜나가는 것이 쉽지만은 않다. 스스로 선택한 루틴을 행하면서 행복, 보람도 분명 존재하지만, 겨울 아침 침대의 부드러운 감촉으로부터 벌떡 일어나 루틴을 지켜내기가 힘들어 죽겠는 순간이 생각보다 자주 오기 때문이다. 중고 의류쇼핑몰 'Nasty Gal'로 대성공한 소피아 아모루소는 생계가 어려웠고, 솔직히 보잘것없는 삶을 살고 있었다. 그녀는 자신이 좋아하는 옷을 중고 매장에서 자주 샀는데, 어느 날 거기서 건진 아이템들을 온라인 중고 사이트에 팔게 된다. 그녀의 안목과 센스가 더해져 리폼으로 멋져진 헌옷들을 리세일하면서 대박을 터뜨린다. 자신이 좋아하는 아이템으로 성공할 수 있었던 비법은 성실함이었다. 그녀는 "성공하고 싶다면, 지킬 수 없는 약속을 하라. 그리고 그것을 반드시 지켜라"라고 말하며 신념을 가지고 자신과의 약속을 지켰다. 고난을 뛰어넘어 자신만의 패기로 성공한 그녀의 이야기를 섹시하게 담은 미드 〈걸보스(GIRLBOSS)〉는 어떠한 성공담보다 솔직해서 좋다. 노력이라는 양념을 뿌려 그것을 지켜내는 자신과의 약속을 해보자. 다이어트도 규칙적인 라이프스타일, 음식과 운동을 지켜나갈 수 있어야, 건강한 몸매가 유지된다. 당신이 꿈꾸는 삶 또한 그렇다. 어떠한 편법이란 없다(만약, 있더라도 그건 결코 오랫동안 지속 불가능하다).

　루틴의 꾸준한 실행은 쉽진 않지만, 일상의 루틴을 어느 정도 시스템화 시키면 지켜나가기가 쉬워진다. 최고의 자기계발 전문가 제임스 클리어가 지은 〈아주 작은 습관의 힘〉에서 루틴과 습관을 연결하는 꽤 효과적인 방법을 제시한다. 그것은 바로 '현재

의 습관 : 늘 해왔던 행위 → 필요한 습관 : 꿈을 이루기 위해 해야 하는 행위 → 원하는 습관 : 좋아하는 행위, 보상효과' 순으로 하루의 루틴을 설정해보는 것이다. 당신의 현재 습관은 일어나자마자 물을 마신다고 가정하자. 그다음에 '글을 쓴다, 책을 읽는다, 운동을 한다.' 처럼 내게 필요한 습관 하나를 실행한다. 마지막으로 원하는 습관, 예를 들어 맛있는 프렌치토스트와 모닝커피를 마시는 것과 같은 보상행위를 실천한다. 이렇게 3종류의 습관을 한 세트로 설정한다. 하루는 이 습관 세트의 몇 개로 이루어진다. 나 같은 경우는 '현재 습관 : 일어나자마자 기지개를 켜고 나서, 필요한 습관 : 노트북 뚜껑을 열고 전원 버튼을 누르고 글을 씀'이다. 글을 쓰는 것 자체가 내게는 필요한 습관이다. 아침에 일어나서, 글을 쓰게 하는 강제적인 푸시업과도 같은 것이 컴퓨터 전원 버튼을 누르는 것이다! 나는 이러한 행위를 '스위치'라고 부른다. 글을 쓰면서 내가 좋아하는 간식을 먹음이 내가 '원하는 습관'으로, 이렇게 하루 루틴의 첫 세트가 된다.

세계적으로 유명한 무용가 트와일라 타프가 자신의 성공 비결은 매일 일어나자마자, 연습복을 걸치고 체육관이 있는 곳으로 데려다줄 택시를 잡는 것이라 했다. 바로 택시를 탐으로써, 자신이 매일 꾸준히 연습하러 갈 수밖에 없는 '스위치'를 스스로 설정한 것이다. 당신의 꿈이 이루어지게 하는 프로젝트 업무 중

하나를 '필요한 습관'으로 지금 당장 설정해보자. 그리고 그것이 당신의 매일 루틴이 되게 '스위치'를 이용하자. 그것은 당신의 인생이 그냥 흘러가는 대로가 아닌, 당신이 원하는 방향으로 흘러가도록 해줄 것이다. 나는 아침을 차려 먹는 일이 나와 가족의 활기찬 하루를 위해 필요한 습관이었다. 아침에 특히 게으른 내게 요리를 해야만 하는 '스위치'는 가스레인지에 올려진 프라이팬에 불을 켜는 것이다. 나는 프라이팬을 태우지 않기 위해, 서둘러 기름을 두르고 맛있는 썬라이즈를 만들게 된다.

당신의 간절한 꿈은 당신에게 빛나는 원대함을 선사할 것이다. 그러나 그 길로 가는 과정은 결코 쉽지 않다. 그 과정이 자연스럽게 되도록 아니, 솔직히 말하면 할 수밖에 없도록 만드는 당신만의 '스위치'를 만들고 그 과정을 '필요한 습관'이 되도록 설정하자. 그러면 어느덧 매일 꿈을 향한 여정 속에 있는 당신을 발견하게 될 것이다. 지금의 하루가 먼 미래를 비추는 시작점이다. 오늘, 당신에게 필요한 습관이 깃든 당신만의 루틴은 어떠한 것인가?

손으로
직접
기록하라

—

"스스로 인생 계획을 짜지 않으면 다른 사람이 우리 인생을 지배하게 될 것이다"라는 피터 드러커의 말처럼, 내 인생에 어떠한 플랜도 없다면 주변인의 영향을 받아 흘러갈 가능성이 크다. 나도 한때 그러했다. 그런 인생은 나의 것이 아닌 주변의 것이 된다. 각자의 인생은 주연, 각본, 감독 모두 1인칭 주인공(나) 시점이어야 한다. 누가 뭐래도 당신 인생은 당신의 것이며, 삶의 스토리는 가족이나 단짝 말고 자신의 영혼과 마음에서 우러나와야 하지 않을까? 삶을 계획하게 되면 기록하는 것이 본능이다. 드림 맵 만드는 과정 중 목표를 세우는 3단계에서 기록 노트를 추천했다.

효율을 외치는 내가 왜 시간과 에너지를 쏟아부어야 하는 행위인 기록을 강력 추천할까? 무언가를 적는다는 그 행위 자체, 그 순간은 오롯이 그것에 집중할 수밖에 없다. 컴퓨터 자판을 두드리든, 노트에 펜으로 적든 우리는 그것에 눈을 뗄 수가 없다. 또한 다른 생각을 하며 제대로 어떠한 내용을 받아 적기도 힘들다. 뇌 전문가 대니얼 J. 레비틴은 자신의 저서 〈정리하는 뇌〉에 '전념할 때의 당신의 뇌는 최고의 기능을 발휘한다'라고 했다. 온전히 모든 신경을 집중할 수 있다는 것은, 당신에게 놀라운 결과와 새롭게 발전하는 멋진 모습을 선사할 것이다.

나는 내가 원래 공부를 싫어하고 재능도 없는 사람인 줄 알았다. 온전히 공부와 연구에 열정을 쏟고 발전했던 몰입의 몇 년을 통해, 발견하게 된 나의 잠재력에 기뻤다. 그리고 나의 앞날에 기대감도 갖게 되었다. 나는 새롭게 태어난 듯하다. 내 변화의 시초는 꿈을 가지면서부터였고, 이를 매일 기록하는 삶을 만나면서 현실화되고 확장해 갈 수 있었다. 기록을 통해 막연한 꿈을 구체화하고 그곳으로 나아가는 법을 익히게 되었다. 본인이 의도하는 삶을 살아보자. 열심히 살지만 원하는 삶과는 거리가 먼 그 허탈한 느낌에서 벗어나 보자. 기록은 의식적인 삶이 되게 하는 중요한 매개체가 된다. 기록은 자신의 마음, 영혼, 생각들을 끄집어내는 가시적인 단계이기 때문이다. 기록으로 당신이 원했던 꿈을 명확히 할 수 있으면, 구체적인 목표들을 세울 수 있다. 결국엔, 이 행위가 당신의 운명을 재설정하게 도와준다. 또한 나만의 기록 노트는 아이디어와 새롭게 얻는 정보들이 흩어지지 않고, 목적과 연결된 주제 아래 모이게 하는 역할도 한다.

〈불렛저널〉의 작가 라이더 캐롤은 주의력결핍장애(ADD)로 회사에서의 업무 집중이 힘들었다. 하지만 많은 할 일을 체계적으로 정리하는 기록 시스템을 직접 개발하여 좌절과 포기 대신 나아가는 선택을 했다. 기록으로 자신의 치명적인 단점을 이겨냈고 직장에서 자신의 업무를 훌륭히 해낼 수 있었다. 라이더는 말한다. "기록을 통해, 스스로가 인생의 조종사가 되어 하루하루를 물 흐르듯이 자신의 삶을 의도적으로 살아낼 수 있었다"고. 또한 자신만의 기록 저널은 살고 싶은 인생이 그려지는 참신하고 혁신적인 도구라고 했다. 그가 개발한 불렛저널은 우리가 알고 있는 통상적인 다이어리 양식에서 벗어나 자신에게 필요한 양식을 자유롭게 작성하는 매일의 기록이다. 나는 그의 책을 읽고, 나만의 '불렛저널'을 시작하면서 귀국 후 뒤죽박죽이었던 내 삶을 정리하고 망설였던 새로운 꿈을 펼칠 수 있었다.

책상 앞에 조용히 앉아 노트를 펼치고 나의 지금을, 오늘을, 요즘을 기록하며 돌아본다. 손으로 꾹꾹 눌러쓴 기록은 진정으로 중요한 것이 무엇인지 깨닫게 해주며, 쓸데없는 곳으로 향했던 어리석은 초점들을 재정비해준다. 기록을 위한 시간과 행위 의식은, 자신의 마음에 오롯이 집중하고 새로운 아이디어를 찾게 하는 퍼펙트 모먼트를 선사한다.

펜으로 직접 쓰는 것이 좋다. 쓰는 내용들을 뇌가 인지하는 비율은 손으로 쓰는 것이 핸드폰 또는 컴퓨터 자판으로 치는 것보다 훨씬 높기 때문이다. 레터링이나 캘리그래피처럼 멋지게 보이려 애쓸 필요 없다. 나만 알아보고 만족할 수 있으면 된다. 기록의 양식은 매우 다양하다. 하루를 기록하는 데, 일과를 시간마다 작성하는 데일리 리포트와 시간에 상관없이 해야 할 일들의 리스트를 만들어 보는 투두리스트 등이 있다. 그냥 내가 원하는 양식을 선택하면 된다. 매주 다른 양식으로 써도 상관없다.

구체적으로 무엇을 쓸까? 드림 맵을 만들 때 작성해 본 개요(3장 3단계 참조)처럼 장기적인 목표, 3~5년의 계획, 1년의 계획, 프로젝트들, 한 달의 목표와 일정, 그 주의 목표와 일정, 하루의 목표와 일정 순으로 써나간다. 그것을 바탕으로 나만의 저널(다이어리)의 내용이 채워진다. 가장 중요한 것은 매일의 기록, 데일리 로그 부분이다. 하루 동안의 스케줄은 나의 장기적인 목표를 바탕으로 짜여진다. 데일리 로그를 쓸 때, 나는 할 일을 시간 순으로 나열하지만 빼곡한 24시간보다는 '오전/오후/새벽'으로 나누어 각 덩어리마다 할 일을 1시간 또는 2시간 단위로 정한다. 여기서 중요한 팁은 '가장 먼저 자신에게 중요한 일을 먼저 하자!'이다. 이는 내 꿈을 지키는 일이다. 하루 중 에너지와 의욕이 가장 충만할 때 하자. 나의 경우, 밀린 집안일이나 경조사에 관한 부분을 먼저 하고, 내 일(글쓰기 또는 유튜브 작업)을 배열한 적이 있었다. 그래 보니, 에너지가 방전되어 일의 효율성이 급감하였고, 하고픈 일을 아예 시작도 못 한 적이 많았다. 그래서 나는 처리해야 하는 일보다, 나만의 할 일(꿈을 향한 프로젝트 작업)을 먼저 배열하고 실천하려 최선을 다한다. 기록노트에는 나만의 챕터를 추가할 수도 있다. 사람들마다 중요시하는 부분과 도전하는 부분이 다르기 때문에 얼마든지 다양한 챕터들이 있을 것이다. 당신만의 챕터는 무엇인가? 그리고 무엇보다, 당신의 하루를 채우는 데일리 로그에는 꿈을 이뤄가는 일들이 존재하는가?

기록은 드림 맵을 보완해준다. 드림 맵에 목표를 향한 기한과 주제가 명시되어 있으나, 나아가야 할 방향이나 해야 할 노력에 관한 구체성이 부족할 때가 있다. 그리고 때론 아주 멋진 계획을 세웠더라도, 이미지를 통한 해석은 시시때때로 달라질 수도 있으며, 디테일한 포인트(제작 시 의도)가 기억이 잘 안 나기도 한다. 또한, 기록 노트는 생각을 끌어내는 도구로써 아이디어 뱅크 역할도 하고, 실천을 했는지 체크도 해볼 수 있는 루틴의 감시자

역할도 가능하다. 앞서 실천해본 도구들이었던 상상과 확언이 꿈을 이루는 무형의 요소라면, 기록과 드림 맵은 유형적 요소에 속한다. 이 유형적 요소는 몇 년 뒤, 인생 일기처럼 남아 감회가 새롭기도 하며, 자신이 대견해지는 순간을 선사한다.

기록은 당신의 행보가 똑똑해지도록 돕는 훌륭한 플래너이며, 드림 맵과 더불어 당신이 원하는 곳으로 이끌어주는 헬퍼다. 하지만 적으면 무엇하랴. 꿈을 향한 액션도 필수다. 사람들은 내게 늘 밝다고 한다. 꿈의 도전이라는 레이스의 초반부에서 나만의 저널 '이루다 노트'와 '드림 맵'이 가득한 나날들이기 때문이라고 자신 있게 말한다. 스스로에 대한 그런 자신감과 신뢰가 있어 든든하다.

소중한 아이디어 포착하기

기록 노트 외에 휴대용으로 포스트잇(또는 메모 가능한 수첩이나 노트) 펜 한 자루도 휴대하는 것을 추천한다. 길을 가다가, 어떤 음악을 듣다가, 지인들과 대화를 나누고 나서 또는 주변의 멋진 광고들의 카피나 이미지에서 확 떠오르는 아이디어나 정보가 있으면 바로 적을 수 있도록. 핸드폰에 녹음하거나 메모장에 즉시 써서 저장해도 좋다. 원래, 쓸모 있는 쫀쫀한 아이디어들은 매우 갑자기, 찰나에 떠오르다 흔적 없이 사라진다. 특히, 샤워할 때처럼 긴장을 푼 상태에 떠오르는 아이디어들을 놓치지 말자. 누군가 생각 없이 내뱉는 말에 신경을 쏟지 말고, 아끼는 내게 전하는 도움 되는 속삭임에 집중하자.

롱런을
위한
리워드
시스템

—

"일만 하고 휴식을 취하지 않는다면 시간이 지나면서 위대성이 고갈되니까요."

〈변화의 시작 5AM 클럽〉 중 억만장자가 한 말이다. 나는 나만을 위한 보상, 리워드가 꿈을 향해 나아가는 매일 속에 달콤한 휴식이 됐으면 한다. 그 억만장자는 자신의 성공 비결 중 하나인 "생산과 휴식 주기의 교차 원리대로 사는 법"을 강조하며, 즐기며 나아가는 성공이 있는 삶을 의미 있게 여겼다. 나도 그렇게 믿고 있다. 그래서 최대한 재미있는 과정을 외쳤다. 원대한 목적일수록 과정의 난도가 높아지고, 실행 기간도 길어지기 마련이다. 그러므로 억만장자처럼 무언가를 창조했으면 즐거운 시간도 가져가며 끝까지 해보자. 그 꿈이 닿을 때까지 말이다.

41개월은 대학원 입학 준비부터 졸업장을 받은 기간이다. 시험 공포증에 게으르고 의지박약이었던 나를 붙잡을 수 있었던 것은 무엇일까? 단언컨대, 끈기와 열정은 아니었다. 시험을 무사히 마친 내가 내게 선물한 22달러짜리 립스틱, 4.99달러의 영화 극장표와 혼자 즐겼던 맛있는 한 끼 외식 덕분이었다.

시작 단계에서 끈기와 열정은 누구나 가지고 있다. 신입생과 신입 직원의 패기 어린 얼굴과 발걸음, 자신의 가게를 이제 막 오픈한 사장님의 반짝이는 눈빛과 친절한 말투에서 느껴지는 그런 거 말이다. 애석하게도 새 출발의 끈기와 열정은 곧 사그라든다. 이는 지극히 자연스러우며, 그러한 자신을 자책할 필요도 굳이 남과 비교할 필요도 없다. 또한 열정이 가득하여 주어진 과정들에 최선을 다한다 하더라도, 원하는 결과를 얻지 못할 때면 좌절이 찾아오기도 한다. 나는 '지나치게 채찍질을 하며 스스로를 옥죄이는 압박감으로 목표를 이루자. 현재의 고통은 미래의 달콤함이다.' 이런 자기계발 버전이 싫다. 현재가 힘들어 죽을 맛인데, 설령 다가올 미래가 달콤하더라도 누릴 수 있는 여유가 생길까? 도전과 과정이 채찍질만으로 오래갈 수 있을까? 물론, 꿈으로 가는 모든 과정이 재미있을 수만은 없다. 하기 싫어도 버텨야 하는 구간이 반드시 있고, 과정 중 오히려 하기 싫은 일 투성이일 수도 있다. 그래서 그것을 최대한 즐겁게 세팅하는 리워드(Reward, 보상) 시스템이 필요하다. 내가 흘리는 땀방울은 결코 헛되지 않으며, 당장 아무런 결과가 보이지 않더라고 충분히 행복할 수 있어야 한다.

1+1의 세트 : 꿈을 이루기 위한 실행 + 나를 위한 보상으로 리워드 시스템을 구축하자. 쉽고, 단순하다. 예로, 하루에 2쪽 이상 글쓰기와 틈틈이 유튜브 업로드를 한다. 일정량의 목표량(30페이지 완성)이 끝나면 집에서 혼자 안창살 고기파티를 하기도 한다. 이를 하루마다 정하는 것이 힘들면 자신에게 맞게 얼마든지 변형하자. 카페에서 구매 10잔 적립 후 주는 무료 음료처럼 '내 맘대로 쿠폰적립 시스템'을 만들어 보자. 일주일 동안 온라인 영어 수업을 열심히 참여했을 때, 읽고 싶었던 소설을 서점 가서 사 오거나 집에서 맥주와 팝콘을 먹으면서 11,000원짜리 영화를 본다. 혼자서 힘들다면 가족 또는 친구에게 목표를 선포하고 각자 해냄에 대해 이야기하면서 같이 해나갈 수도 있다. 매일 아침 6시 운동을 10회 성공한 당신을 위해 10회 적립 쿠폰으로, h&m의 고져스한 셔츠 한 장 사오는 기쁨도 좋다. 유치하다고 느낄 수 있다. 하지만 당신의 일상의 소소한 기쁨과 하루는 결코 유치한 게 아니다.

작가와 유튜버를 시작한 나는 "하고 싶은 일을 하고 있어 행복해요. 전 운이 좋나 봐요"라고 말할 수 있다. 그러나 분명한 건 과정 모두 행복하지 않음을 겪곤 한다. 이 법칙은 도전하고 있는 누구나 겪게 된다. 이는 절대 헛됨이 아니다. 아이를 키우는 과정이 힘들지만, 겪을 만한 보람과 가치가 있는 것처럼. 7분짜리 영상을 기획하고 업로드하는 데 8시간 이상 걸리며 편집하느라 손목 관절이 아프다. 낮은 조회수와 무관심에 좌절하기도 한다. 수학 채널에서는 어떤 시청자가 단 'ㅅㅂ'라는 댓글이 '신발'은 아닐 것 같다는 불길한 예감에 허탈하기도(그 댓글은 삭제했다) 했다. 그럼에도 막달 임신부는 에어컨 없는 작은 방에서 퉁퉁 부은 손가락으로 자판을 두드리며 열렬히 전투 중(원고 쓸 당시)이다.

나를 위해 즐기고 선물해 주는 순간이 떠오르지 않는다면, 무조건 믿고 해보는 당신을 위한 리워드 몇 가지를 안내한다.

- 계절에 한 번 이상 사랑하는 사람들과 여행, 못 가면 한적한 때 피크닉이라도 가자. 당신의 사람들과 함께 여유로운 만찬의 시간을 갖자(육아 중인 난 혼자라도 좋을 것 같다).
- 오늘 점심은 같이 먹는 동료나 상사에 맞추지 말고, 당신의 최애 메뉴를 먹자. 세일하는 점심특선 메뉴 이런 거 말고 당신이 정말 좋아하는 것으로! 나는 요즘 집 근처 초밥집에서 15,000원짜리 초밥을 먹으며 지난 드라마

를 보는 재미에 행복을 느끼고 있다.

- 당신이 하고 싶은 것들을 적어보자. 갖고 싶은 물건도 좋다. 이런 것도 적어봐야 당신이 리워드 시스템에 넣어야 할 것들이 풍족해진다. 아주 가끔 뭘 하고 싶은지 모르겠는 절망적인 순간에 도움이 된다.

- 선셋을 일주일에 한 번 이상은 보자. 경이로운 자연을 그냥 멍 때리고 보는 것 자체가 감사한 행복이다.

- 프로젝트 단계별로 성취해 가는 자신을 위해, 각 단계가 끝날 때마다 자신을 위한 리워드 아이템을 선물하자. 예를 들면, 1단계 마무리 : 스타벅스 홈 카페 선물 → 2단계 마무리 : 러쉬의 바디세트나 찜해둔 와인 한 병 → 3단계 마무리 : 온전한 나의 하루, 즉 하루 종일 먹고픈 거 먹고, 하고픈 것만 하기 → 4단계 앗싸 프로젝트 마무리 : 호캉스 2박 3일

- 때론 빈둥거려 보자. 눈곱도 안 뗀 채, 빨래 좀 밀린 채, 집안 청소 제쳐두고서 말이다. 최소 1달에 하루는 아무것도 하지 않은 빈둥거림이 놀랍게도 샘솟는 창의력과 열정적인 의욕을 일으킬 것이다.

- 번아웃이 오면 그동안의 노력과 과정들은 아무 소용이 없다 피곤할 땐 무조건 쉬자. 단 5분이라도. 목표를 모두 달성하지 못했어도, 노력만으로도 당신은 지금 꽤 괜찮다. 그리고 무엇보다 당신의 발자취를 돌아보며, 작은 성취감을 느껴보자.

솔직히 미국에서의 첫 학기는 악몽 그 자체였다. 자격지심으

로 똘똘 뭉친 엄마 밑에서 어린 아들도 힘들었었다. 고작 5살짜리가 "난 힘든 거 말하면 안 돼. 엄마도 힘들잖아"를 외치며 눈물이 그렁그렁하는데 마음이 너무 아팠다. 그러다, 우리 둘만을 위한 리워드 시간을 만들고 채워나가면서 차차 웃음과 여유를 찾고 각자의 생활을 열심히 누릴 수 있었다. 일주일에 한 번은 공원에 가서 일몰의 물듦을 즐기며 포장해간 장어초밥이나 멕시칸 또띠아를 먹곤 했다. 그때 초록빛 가득했던 들판과 붉게 물든 경이로운 그날의 노을에 고마웠다.

출판을 못 할 뻔했지만 2년 만에 〈드림 맵〉 원고를 완성할 수 있었던 것도, 아직은 작은 채널의 운영자지만 감사한 마음으로 크리에이터로 여전할 수 있음은 무엇 때문일까? 스스로에게 던진 질문에서 나온 솔직한 답은 이거였다. 과정 중 현재의 활기를 이끌어준 '나만의 리워드 시스템' 덕택이라고. 꿈을 향해 가는 스텝을 밟기 시작한 모든 이에게 리워드 시스템과 더불어 진심으로 활력 있는 여정의 행운을 빈다.

혼자,
고요한
곳에서
실행하라

—

오프라 윈프리는 갑자기 압박감에 사로잡힐 때면, 오롯이 혼자 있을 수 있는 조용한 곳으로 간다고 한다. 그곳에서 호흡을 하면 서서히 내면에 귀 기울이게 되면서 평화로워진다. 자신의 저서 〈내가 확실히 아는 것들〉에서, 혼자만의 순간과 공간의 중요성을 강조했다. 혼자만의 공간과 시간을 섭외하는 것은 드림 맵과 더불어 꿈을 시작하고 나아감에 꼭 필요한 첫 단추다. 나만의 공간에서 내 마음에 귀 기울여보자. 두둥 떠오르는 아리따운 그것, 당신이 진정 원하는 그것에 집중하자. 말이 쉽지, 일상에서 이런 순간을 만듦은 결코 쉽지도 저절로 되지도 않는다. 시도 때도 없이 울리는 카톡과 각종 앱에서의 알람이나 인스타그램 친구들에게 하트를 못 날리면 느끼는 찜찜함과 함께하는 디지털 번아웃 속에 하루 24시간이 오픈되어 있다. 그러니 잠시 폰을 끄고, 노트북을 닫고, 고요한 가운데 홀로 있어 보자. 가부좌를 하고 앉아 있는 것도 좋다. 나는 그 자세가 되면 불안정한 마음이 저절로 평화로워진다. 눈을 감고, 내가 원하는 것들을 떠올려 보고 마음껏 상상해보자! 이런 순간에 진정한 나의 꿈의 목록들이 떠오를 것이다.

가족과 함께함도 기쁘고 행복하지만, 혼자만의 공간도 절실하다. 방이 3개지만, 1개는 침실, 나머지 2개는 아이들 방이나 옷방이다. 결혼 전에는 원룸에 살더라도 오롯이 내 공간이었는데 말이다. 비판적 관점은 접고, 이에 대한 해결을 하자. 리모델링 없이 나만의 공간 찾기는 얼마든지 가능하니까. 거실 한켠에 나만의 책상을 하나 두고 큰 화분 1~2개를 파티션 삼아 나만의 공간을 만들 수 있다. 식탁에서 공부하는 분들을 인스타그램에서 많이 보았다. 이곳은 누구나 자다가도 물을 떠 마시러 올 수 있는 개방감 때문에 권장하진 않지만, 몇 초 만에 세팅할 수 있다. 식탁 위 가족들의 비타민은 다른 데 두고, 내가 좋아하는 물건들(캔들, 스탠드, 필기도구, 노트와 책 등 꼭 자신의 것으로)를 트레일러에 두면 나만의 작업 공간을 쉽고 빠르게 만들 수 있다. 집이라는 공간이 함께 또는 혼자를 위해서도 스윗 홈이 될 수 있게 공간 활용의 지혜를 보여주자. 한국의 아파트 구조는 다 똑같아 재미없지만, 그러려니 포기보다 직접 만들어보자. 꼭 필요한 나만의 공간을. 돈과 시간이 생각보다 들지 않는다.

공간과 더불어 이제는 혼자서 집중할 수 있는 시간을 만들어보자. 하루에 30분 자신을 돌이켜보는 시간은 꼭 필요하다. 아기를 키우는 엄마도, 야근으로 바쁜 직장인도, 누구나에게나 30분 동안 노트를 적고, 드림 맵과 꿈을 키우는 것도 좋고, 혼자만의 그 시간 속에 조용히 있는 것도 좋다. 오롯이 혼자 있을 수 있는 시간은 외로움이 아닌 필수이자, 달달함이다. 그 시간 속에서 가장 중요한 결정을 할 수도 있으며, 무엇보다 나다움에 집중할 수 있기 때문이다.

미라클 모닝이 유행인 이유는 간단하다. 디지털이나 그 누구의 방해를 받지 않는 고요한 새벽 시간을 빌려오기 위함이다. 저녁형 인간인 나도, 엄마가 되고 나니 저녁이면 피곤해서 집중이 잘 안 되었다. 그래서 3년간 꾸준히 새벽 5시에 일어났다. 그 시간에 자기계발서를 읽고 그날 하루 계획을 위해 저널을 쓰고, 영어 단어를 밀어 넣었다. 그러나 무조건 새벽에 일어나야 성공한다는 고정관념은 갖지 않길 바란다. 가능한 혼자만의 시간대는 각자 다르기에. 육아로 지치고 힘들다면 남편 또는 주변 친지에게 일주일에 2시간 정도 도움을 요청해보자. 밤에 아기로 인해, 잠을 못 잔다면 부부가 며칠씩 돌아가면서 융통성 있게 상대방을 배려해주고, 일주일에 1~2시간이라도 그녀 또는 그에게 시간을 내어주자. 지금의 상황에서 최대한 노력하면 당신의 공간과 시간을 확보할 수 있다. "난 시간이 없어. 바빠 죽겠어"라는 말로 주어진 인생을 스스로 하찮게 여기지 말았으면 한다. 첫째 출산 후, 유학 준비로 눈코 뜰 새 없이 바쁜 신랑 옆에서 나는 우울증에서 벗어나기 위해 몸부림을 쳤던 몇 개월이 있었다. 타지에서의 삶이여서 더욱 그랬다. 아이가 잠들면 필사적으로 나의 시간과 공간을 챙겼다. 1시간 정도 혼자 수학 문제를 풀면서 나의 꿈을 잊지 않으려 했다. 혼자만의 순간은 꿈을 이루기 위한 실행을 위해서도 반드시 필요하다.

당신만의 가치를 셋업하자

영화 〈노트북〉에서 노아가 자신의 목숨처럼 사랑하는 여자, 앨리에게 외친다.

"다른 사람이 원하는 걸 생각하는 것을 멈춰! 네가 원하는 게 뭐야?"

이 영화를 4번이나 봤는데도, 노아(라이언 고슬링)의 "왓 두 유원"은 들을 때마다 설렌다. 그가 잘생긴 것도 이유겠으나, 누군가 내게 그런 진지한 대사를 해준 적이 없어서다. 〈노트북〉의 앨리는 그림을 그리고 싶은 뜨거운 심장을 가지고 있지만, 부모님이 정해준 남자와 결혼해서 살려고 했다. 옛 사회적 관념상 그렇게 사는 게 당연하게 여겨졌지만, 노아는 앨리에게 일깨워주었다. 진짜 원하는 삶을 사는 것에 대해. 자신이 원하는 것을 알고, 그것으로 삶을 채워가는 사람은 생각보다 많지 않은 것 같다. 원하는 삶을 사는 게, 삶의 모토인 나도 가끔은 그렇게 되지 않으니 말이다. '~하니까, ~해야 돼'라는 통념에 사로잡혀 있지는 않은지, 진정 원하는 삶을 살려면 대체 어떻게 해야 하는 걸까? 하는 근본적인 질문을 던져본다. 답은 원하는 것을 갖는 기준이 되는 당신만의 '가치'를 찾는 것에서부터 시작된다. 내 삶의 시작점이 되는 올바른 '가치'를 셋업하는 2가지 방법을 제시한다.

첫째, '가치 찾기'다. 인생에서 중요하게 생각하는, 즉 추구하는 '가치'는 모두가 다르다. 누군가에게는 사랑이 될 수도, 누군가에게는 경제적 자유가, 또 다른 이에게는 명예가, 또 누군가에게는 연구와 학업의 자유와 또는 평화로운 인간관계가 될 수도 있다. 추구하는 가치 또한 딱 한 가지만이 아닌 여러 가지가 될 것이다. 또한 복합적이고도 교집합이 많은 가치는 개인마다 우

선순위가 다르다. 나는 '성장'과 '자유'에 포지션이 크다. '사랑'
과 '평화'도 포함하여. 당신의 삶에서 소중히 여기는 가치는 무
엇인가? 〈나는 인생에서 중요한 것만 남기기로 했다〉의 저자 에
리카 라인은 말한다.

"자신이 중요시 여기는 가치 찾기는 쓸데없는 것들에 에너지
와 시간이 소모됨을 막아준다."

당신이 중요히 여기는 가치들을 먼저 정리해보는 것은 원하
는 삶을 향한 중요한 출발점이 된다. 목표를 이루는 데 방해가
되는 요인들을 제거하는 데 도움이 되기 때문이다. 이는 당신의
에너지와 시간을 당신이 원하는 것들에만 집중하여 살도록 이
끌어 줄 것이다. 쉽지는 않지만, 이 지혜는 평생 간직해야 할 핫
트랙이다.

가치의 종류

자유, 돈, 사랑, 건강, 배움, 발전, 명예, 경제적인 성공, 봉사, 평화로운 마음, 인
간관계, 공헌, 창의성, 균형, 정의, 에너지, 신앙, 심플함, 공감, 자존감, 인류애,
성실, 유연함, 규칙성, 만족감, 즐거움, 새로움…

당신이 인생에서 지키고 싶은 덕목들로, 갖추며 살아가고픈

멋진 가치들을 정해보자! 혼자만의 시간과 공간 속에서 나만의 가치를 찾아내고, 반드시 적자. 그렇게 실존적인 것으로 남겨야 당신이 지킬 만한 것이 될 테니까.

둘째, '긍정적인 세계관 확립'이다. 부정적인 세계관도 긍정적으로 바꿀 수 있다. 심리학자 알프레드 아들러는 "주어진 환경보다는 자신의 주체적인 선택들이 인생을 만들어간다"고 했다. 갖고 있는 세계관에 따라, 같은 환경에서 자랐어도 전혀 다른 삶을 사는 사람들이 있다. 감히 내가 말할 수 없는 상황들도 있을 것이다. 그러나 나는 긍정적인 믿음으로 삶을 대하는 노력은 누구에게나 필요하다고 믿는다.

6년 전 어느 날, 아들러의 저서 〈인생에 지지 않을 용기〉에 나온 가치관의 종류를 참고하여 내가 갖고픈 세계관(아들러는 '3가지 가치관'이라 함을 나는 세계관이라고 부른다)을 노트에 적었다. 그러면서 그 이상적인 세계관을 내 생각에, 내 인생에 집어넣기로 다짐했다. 이 작업은 주체적인 사람으로 다시 태어나게 해주었다. 한 줄기 희망이라도 붙잡고 싶었던 내게 빛이 돼주었다. 나만 알고픈 아들러가 전해준 특급기밀 같은 거랄까. 환경에 따라 세계관이 정해진다고 믿었던 내가 그동안 얼마나 소극적이고 안이하게 살았는지 그의 이론을 접하면서, 감사함보다 불평으로 가득 찬 나의 과거를 되돌아보게 되었고 스스로에 대한 참담한

반성도 하게 되었다. 그가 제시했던 형식은 3가지로 나누어 자신이 갖고픈 이상적인 세계관을 확립해보는 것이다. 나는, 첫 번째는 자기 자신에 대한 정의, 두 번째는 주변인과의 관계에 대한 믿음과 세 번째는 이상적인 자아의 모습 이렇게 해석하고 있다. 아들러가 제시한 다음 세 가지 가치관의 형식에 맞춰 당신이 바라는 이상적인 세계관을 정해보자.

1. 자기 개념(나는 -이다) : "난 긍정적이고 사랑스러운 사람이다."
2. 세계상(세상 사람들은 -이다) : "세상 사람들은 서로 존중을 주고받는 친구다."
3. 자기 이상(나는 -이어야만 한다) : "나는 내 신념을 지키면서 세상 사람들과 좋은 영향을 주고받으며 꿈을 이루어 나간다."

당신만의 긍정적인 세계관을 고이 적어놓자. 당신이 셋업한 그 세계관을 보며 마음에 아로새기며 원하는 모습의 자아로 멋지게 살아보자. 꿈을 백만 번 말하고 쓰고 액션을 취하며 나아간들 자신에 대한, 그리고 자신을 둘러싼 세계에 대한 프레임이 부정적이라면 아무리 노력한들 결코 원하는 삶을 멋지게 얻어낼 수도, 즐길 수도 없다.

드라마 〈이 구역의 미친 X〉에서 남주인공 휘오가 과거 아픈 기억 때문에 망상과 강박증에 시달리며 세상과 단절한 채 우중충한 까만 선글라스만 쓰고 다니는 여주인공 민경에게 말한다.

"내가 충고 하나 할까? 그렇게 시커먼 안경을 쓰고 보니까 세상이 전부 우중충해 보이는 거야."

그러면서 민경에게 핑크색 선글라스를 씌워준다. 그 순간, 민경이 휘오에게 반한다. 긍정적인 세계관은 그런 거다. 힘들고 우울할 때도 세상을 밝게 바라볼 수 있는 핑크빛 선글라스 같은 것. 〈드림 맵〉이 당신에게 그런 역할을 해주길, 그래서 여러분이 원하는 삶을 매일 누리길 진심으로 바란다.

드림 맵 그전과
후에 관한 이야기

이런 말을 들은 적이 있다.

"왜 그렇게 큰 꿈을 갖고, 그것을 이루려고 해? 그냥 편하게 살지. 너 좀 욕심이 지나친 거 아니니?"

그때 난 의아했다. "욕심이 많다"는 표현은 틀렸기 때문이다. 욕심'이란 노력 1도 없이 꿈만 꾸는 것이다. 원하는 결과를 이루기 위해 주변인들에게 과도한 희생을 강요하거나 올바르지 못한 상황들을 만드는 경우가 '욕심'에 속한다. 무엇보다 소중한 내 꿈을 타인이 감히 판단할 수 없다. 맘껏 원하는 인생을 상상하자! 그리고 기쁜 마음으로 액션플랜을 실행하자! 직접 세운 꿈과 계획 속에서 사는 것! 그것이야말로 나다운 인생을 사는 힘이다.

꿈을 이루는 결과치만 바라보고 살지 말자!

만약 원하는 결과물에 도달하면, 만만세를 외치면서 마냥 즐거울 것만 같은가? 어떠한 목표점에 도달해보면 뿌듯함과 기쁨도 크지만, 그것을 이루고 나서 허무함은 생각보다 빨리 찾아온다. 화려한 축제의 막이 내리고 기쁨의 퍼레이드는 시들해지기 마련이다. 막상 간절히 원했던 것을 얻고 나면 예전의 간절함 따위는 기억도 나지 않고 말이다. 그래서 멋진 우리는 과정을 즐길수 있는 지혜와 성공(때론 실패)한 결과를 얻고 나서도 다음 장을 준비할 수 있는 유쾌한 여력이 있어야겠다. 원하는 결과를 이루면 좋지만, 혹시나 얻지 못하더라도 진정한 행복은 추구하는 결과 끝에만 있는 게 아니다. 무엇보다 하나하나 이루어 가는 과정 속에서 발견하게 되는 자신의 변화와 경험들을 간과하지 말자. 도전 후, 당신은 더 나은 사람이 되고 진정한 자아실현을 이루게 된다. 이것만으로도 충분히 가치 있다. 이 점을 꼭 전하고 싶었다.

나는 유학 생활을 통해 많이 성장했고, 감사한 기회를 누렸으며 그 시간을 결코 후회하지 않는다. 내 인생에서 처음으로 온전히 가슴 뛰는 일을 이루었고 아름다운 인생의 한 챕터를 간직하게 되었다. 그리고 무엇보다 그것을 통해 세상과 내 인생을 바라보는 관점과 태도가 바뀌었다. 그래도 아쉬운 점은 분명 있다. 그때의 나는 A 학점 받기에만 급급했었고, 놓쳐버린 좋은 기회들이 너무도 많다. 아이가 좋아하는 스포츠 경기 관람을 가지 못했고, 집에서 가까웠던 NASA 센터에조차 가보지 못한 것, 그리고 부모님과 함께 졸업식과 여행을 즐기지 못했던 것들 말이다.

　목표, 그것에 도달하는 것만이 전부가 아니다. 중요한 것은 당신만의 행복한 여정이다. 원하는 성공을 위해서 행복한 일상이 무시돼서는 안 된다. 오히려 '소중한 날마다'에 대한 감사, 나의 사람들과 유쾌한 이벤트가 있어야 한다. 일상에서 값진 즐거움을 누림과 동시에 (마침내) 생기는 시너지가 더 원대한 꿈으로 다다르게 해줄 거라 믿는다. 당신만의 꿈의 프로젝트를 위한 노력과 에너지를 지켜나가자. 꿈을 갖고 나아가는 당신에게 용기와 희망의 퍼레이드와 찬사를 보낸다.